"Ole kiitetty ja korkeasti kunnioitettu kolmiyhteinen Jumala, kun minäkin synniltä vaivattu saan nyt uskoa itseni Jumalan lapseksi ja Jeesuksen kanssaperilliseksi."

Robert Alexander Grönfors

Kannen kuvassa on toripäivä Tampereen Kauppatorilla (nyk. Keskustori) vuonna 1893.

Kuva: Daniel Nyblin / Museovirasto

Persoonia lestadiolaisuudessa 1

Hannu Hyttinen

Robert

Monien elämänvaiheiden tamperelaissuutari

Kustantaja: BoD · Books on Demand GmbH, Helsinki, Suomi
Kirjapaino: Libri Plureos GmbH, Hampuri, Saksa

ISBN: 978-952-80-8497-6

Sisällys

Lukijalle 7

1. Nuoruus Messukylässä 9
2. Tampereelle 13
3. Lestadiolaisuuteen 19
4. Suutari 26
5. Kenkätehtailija 34
6. Vaikeita vuosia 43
7. Uusi aika 48
8. Vireä vanhuus 58

Liite 1. Aatu Laitisen kirje Robert Grönforsille vuonna 1891 66

Liite 2. Robert Grönforsin kirje Aatu Laitiselle vuonna 1898 68

Liite 3. Elämäkerrallinen kirjoitus 1925 72

Liite 4. Kirjoituksia Aamulehdessä 1919–1926 90

Lukijalle

Olin kerran Helsingissä käydessäni selailemassa Kansalliskirjaston Pohjoissalissa olevia laatikoita, joissa säilytetään mikrofilmikorteille tallennettua kansalliskokoelmaa. Tarkoituksenani oli etsiä niistä nimimerkin R. A. G. kirjoittama lyhyt elämäkerrallinen kirjoitus vuodelta 1925. Tuohon kirjoitukseen viitataan Tampereen esikoislestadiolaisuuden historiaa käsittelevissä teksteissä ja olisin ollut halukas lukemaan, mitä kirjoituksessa kerrotaan. Kyseistä mikrofilmikorttia ei kuitenkaan löytynyt oikealta paikaltaan. Etsimme sitä yhdessä lukusalissa olleen henkilökuntaan kuuluvan päivystäjän kanssa, mutta filmikorttia ei löytynyt. Päivystäjä kysyi minulta, tiedänkö, kuka nimimerkin taakse kätkeytyvä henkilö oli. Tiesinhän minä, R. A. G. oli Robert Alexander Grönforsin nimimerkki.

Tilasin tämän jälkeen paperikappaleen kyseisestä kirjoituksesta lukusaliin seuraavaksi kerraksi, kun olin menossa Kansalliskirjastoon. Vastauksena tulleessa sähköpostissa luki, että kyseinen elämäkerta on mikrofilmikortilla, ja voisin mennä lukemaan sen sieltä. Olin hieman skeptinen, kun menin kirjastoon. Kun filmikorttia oli jo kerran etsitty yhdessä henkilökunnan kanssa, niin löytyisikö sitä tälläkään kerralla. Minua odotti kuitenkin yllätys, kun avasin filmikorttilaatikon. Etsimäni kortti oli oikealla paikallaan ja vieläpä valmiiksi pystyyn nostettuna, että löytäisin sen helposti. Kortti oli siis ilmeisesti ollut edellisen lukijan jäljiltä vain hieman väärässä kohdassa ja löytynyt tarkemmin etsittäessä. Joku muukin oli ollut kiinnostunut Robert Grönforsin elämänvaiheista. Pääsin nyt lukemaan, mitä hän oli elämästään kirjoittanut.

Robertin kirjoitus ei tarjonnut kovin paljon yksityiskohtaista tietoa hänen elämästään. Kiinnostus hänen persoonaansa ja elämänsä vaiheita kohtaan kuitenkin heräsi. Halusin tietää lisää siitä, mitä hänen elämässään oli tapahtunut niiden nuoruusvuosiin sijoittuvien tapahtumien jälkeen, joista hän kirjoitti tarkemmin. Tämän tarinan selvittämisessä oli kuitenkin hieman hankala päästä alkuun. Ymmärsin Robertin tarinan monivaiheisuuden vasta huomatessani, että haku R. A. Grönforsin nimellä Kansalliskirjaston sähköisestä lehtiarkistosta tuottaa lähes kuusisataa tulosta. Hän oli elämänsä aikana ollut lehtien palstoilla elämänkertakirjoituksessa kirjoittamiensa vaiheiden lisäksi monessa muussakin yhteydessä.

Sitkeä tiedonhaku paljasti esikoislestadiolaisuuden historian lisäksi myös Tampereen kaupungin laajenemiseen ja kenkäteollisuuden varhaishistoriaan liittyvän tarinan, joka kuuluu ehdottomasti yhdeksi kertomukseksi lestadiolaisten persoonallisuuksien vaiheista kertovaa kirjoitussarjaa, jonka ensimmäinen osa tämä julkaisu on.

Robert Grönforsin kuoleman 90-vuotispäivänä

18.10.2024

Hannu Hyttinen

1. Nuoruus Messukylässä

Kertomuksemme alkaa elokuun 18. päivästä vuonna 1851, jolloin Hatanpään kartanon Spinnin torpassa asuvalle suutari Hardvig Grönforsille ja hänen vaimolleen Sofia Gustavalle syntyi poika. Lapsi oli kirkonkirjojen mukaan pariskunnan kymmenes ja hänen äitinsä oli pojan syntyessä jo 47-vuotias. Kasteessa poika sai nimekseen Robert Alexander. Perheen lapsista kolme oli kuollut pienenä ja kaksi vanhinta oli jo aikuisia. Robertilla oli siis syntyessään neljä kotona asuvaa sisarusta, joista nuorin oli kuusi vuotta häntä vanhempi.

Aikalaislähteiden mukaan Spinnin torppa sijaitsi *"Sorinahteen takana, Lempäälään erkanevan tien haarassa"*. Paikka oli suunnilleen Iidesjärvestä Pyhäjärveen laskevan Viinikanojan puolivälissä. Vaikka torppa oli vain reilun kilometrin päässä Tampereen keskustasta, kuului se Messukylän pitäjään. Tuohon aikaan Tampere oli noin 4000 asukkaan pieni teollisuuskaupunki, jonka keskellä sijaitsi 1820-luvulla englantilaisen

Konstantin Hakulin / Vapriikin kuva-arkisto

Tampere vuonna 1863, jolloin 12-vuotias Robert asui Spinnin torpassa hieman kaupungin ulkopuolella.

James Finlaysonin perustama Finlaysonin tehdas. Kaikki Tammerkosken itäpuoliset alueet kuuluivat Messukylään.

Robertin koti oli tuon ajan keskiluokkainen torppariasunto, jossa asuva torppari maksoi torppansa vuokran maanomistajalle tyypillisesti tekemällä päivätöitä eli taksvärkkiä vuokranantajan tilalla. Robertin isä oli ahkera työmies, joka oli raivannut ylitöinään kiviseen mäenrinteeseen viljelysmaata perheensä elinolojen parantamiseksi. Varsinaiselta ammatiltaan Robertin isä oli suutari. Robert mainitsee elämänkerrallisessa kirjoituksessaan, että hänen isällään oli 4–5 miestä työssä. Työn luonnetta hän ei mainitse, mutta voimme olettaa kyseessä olleen suutarin ammatin, joka näyttäisi kannattaneen niin hyvin, että kenkiä on tarvittu tekemään useampia työntekijöitä.

Svante Lagergrén / Museovirasto

Robertin muistelemaa torikauppaa Tampereen kauppatorilla. Kuvan salonkipuodit eli pilaripuodit tuhoutuivat tulipalossa vuonna 1878. Niiden paikalle rakennettiin nykyinen 1890 valmistunut Tampereen raatihuone.

Kasvatus kodissa oli ankaraa, lukutaitoa arvostettiin ja Jumalan sanaa viljeltiin ahkerasti. Pyhäpäivinä Robertin isä luki perheelleen Martti Lutherin tai pietismin edelläkävijänä tunnetun Johan Arndtin saarnan, jota lasten tuli kuunnella keskittyneesti. Kodin ankaruudesta ja uskonnollisuudesta huolimatta oli alkoholin käyttö varsin tavallista. Työntekijöille tarjottiin ryyppyjä ja vanhemmat riitelivät toisinaan humalassa. Viinaa poltettiin tuohon aikaan Robertin muistojen mukaan joka talossa ja myytiin Tampereen Kauppatorilla (nyk. Keskustori) kuin maitoa. Yleisesti kansan keskuudessa hyväksytty alkoholin käyttö jäi ikävällä tavalla nuoren pojan mieleen ja kumpusi traumaattisina muistoina vielä vanhuudessa kirjoitetun elämänkerrallisen kirjoituksen sivuille.

Erityisen voimakkaana Robertin muistoihin jäi joulu 1864, jolloin hän oli 13-vuotias. Jouluaattoa oli hänen kotonaan vietetty tuolloin syöden ja juoden. Jouluvirsiä oli veisattu pullon kiertäessä tuvassa ja tällaisen

Viljo Pietinen / Museovirasto

Messukylän vanha kirkko, jossa Robert osallistui joulukirkkoon 13-vuotiaana.

jouluyön vieton jälkeen oli lähdetty hänen isänsä johdolla joulukirkkoon Messukylään. Tuolloin käytössä ollut Messukylän 1500-luvun alussa rakennettu vanha kivikirkko oli kylmä talvella. Kirkkoväellä oli lämmikkeenä taskumatit mukanaan, eikä joulukirkossakaan tarvinnut näin ollen olla kuivin suin. Kirkon penkeissä leijunut katkera väkijuoman haju lukkarin aloittaessa virren *"Pyhä kristikunta iloitse"* jäi lähtemättömänä muistona nuoren pojan mieleen. Kotiin ajettiin reellä kiroillen ja toisten kanssa kilpaillen. Vanhaan suomalaiseen perinteeseen kuuluva tapaninajelu oli aloitettu jo joulukirkosta tultaessa hieman tavanomaista reippaammissa merkeissä. Robertin kirjoittama kuvaus joulukirkosta on kuin suoraan Lars Levi Laestadiuksen saarnoista otettu.

Vaikka Robertille näyttää jääneen lapsuudenkodistaan merkittävimpänä muistona runsas alkoholin käyttö, ei koti silti luultavasti ole ollut erityisen huono. Pikemminkin voidaan ajatella, että ahkera työnteko ja ankara kuri tekivät kodista tuon ajan mittapuulla hyvätuloisen. Toimeentulo oli turvattu, töitä riitti ja ruokaa oli pöydässä. Robertin yritteliäs isä tarjosi toimeentulon perheensä lisäksi myös työntekijöilleen. Tämän ahkeruuden ja yritteliäisyyden näyttää Robert oppineen jo lapsuudenkodissaan.

2. Tampereelle

Vuonna 1865 Robert siirtyi kotitorppansa kirjoilta Pellavatehtaan työntekijäksi. Pellavatehdas oli rakennettu Tammerkosken itärannalle, koska kosken länsipuolella ei enää ollut sopivaa tonttimaata tarjolla. Kosken itäpuoli kuului tuolloin vielä Messukylän pitäjään, minkä vuoksi Robert oli edelleen kirjoilla Messukylässä, vaikka työpaikka olikin aivan Tampereen keskustan tuntumassa. Tamperelainen 14-vuotiaasta Robertista tuli huhtikuussa 1866. Samoihin aikoihin Messukylästä Tampereelle muutti useita Pellavatehtaan työntekijöitä, muun muassa eräs

Svante Lagergrén / Vapriikin kuva-arkisto

Pellavatehdas oli Robertin muuttaessa Tampereelle suuri viisikerroksinen rakennus, jonka ylin kerros purettiin vuoden 1883 tulipalon jälkeen. Vanha yläkerroksen porrashuone on edelleen olemassa Tampellan tehdasrakennuksen tornina.

Johanna Mattlin niminen nuori nainen, joka tuli myöhemmin näyttelemään merkittävää osaa Robertin elämässä. Monet muuttaneista olivat vielä lapsi, mikä oli tuolloin varsin tavallista. Lapsityövoimaa käytettiin yleisesti ja lapsuudenkodista muutettiin pois varsin nuorena. Emme

Antellin kokoelmat / Museovirasto

Tampereen Sanomat 14.4.1868

— Muuan täällä asuwaisen englantilaisen pihalla annettiin pitkäperjantaina ruokaa hädän-alaisille Englannista tänne lähetetyillä rahoilla. Pihalla koko'ontuneesta kansasta otettiin walokuwa.

Nälkävuoden pitkäperjantaina 10.4.1868 sadalle köyhälle tarjottiin päivällinen englantilaisen työnjohtajan sukulaisen lähettämällä viidellä punnalla. Valokuvan ottaminen oli tuohon aikaan niin merkittävä tapahtuma, että se ylitti uutiskynnyksen.

tiedä, millaisissa oloissa Robert tuolloin asui, mutta todennäköistä on, että lapsityöläisen olot eivät ole olleet erityisen hyvät. On myös mahdollista, että Robert asui edelleen kotitorpassaan vanhempiensa kanssa.

Ajankohta nuoren pojan itsenäistymiselle oli hankalin mahdollinen. Suomea koettelivat suuret nälkävuodet 1866-1868. Vuonna 1866 erittäin sateinen kesä pilasi sadon monin paikoin ja elo-syyskuun vaihteessa alkanut pakkanen tuhosi kypsymättömän viljan eteenkin maan pohjoisosassa. Viljaa ei riittänyt kansalle, mikä raittiusaatteen ohella vaikutti siihen, että Suomessa astui vuonna 1866 voimaan viinan kotipolton kieltävä laki. Lain toivottiin auttavan ruokapulaan, sillä talonpojat ansaitsivat enemmän polttamalla viljan viinaksi kuin myymällä sen jauhettavaksi. Tilanne kuitenkin paheni vuonna 1867. Talvi oli ankara ja kevät myöhäinen. Monet Etelä-Suomen järvistä olivat jäässä ja pellot lumen peitossa vielä toukokuun puolivälissä. Elokuun lopussa ja syyskuun alussa tulivat ankarat hallat ja kato oli täydellisempi kuin koskaan ennen.

Vaikeassa ruokatilanteessa erityisesti Pohjois- ja Itä-Suomesta oli suuren joukon ihmisiä lähdettävä etelämmäksi kerjuulle ja työnhakuun. Kerjäläisjoukot levittivät tauteja ja hankaloittivat ruokatilannetta entisestään Etelä-Suomen kaupungeissa. Nälänhätä oli pahimmillaan vuoden 1868 keväällä, jolloin kuolleita arvioidaan olleen pitkälti yli 100 000 henkeä. Kaikkiaan nälkävuosien aikana kuoli lähes kymmenen prosenttia Suomen kansasta nälkään ja aliravitsemuksesta aiheutuneisiin sairauksiin.

Nälkään kuolleita nähtiin myös Tampereen kaduilla, mikä varmasti vaikutti voimakkaasti nuoreen Robertiin. Tuskin hänenkään ruokatilanteensa on ollut erityisen hyvä ja on hyvin mahdollista, että hän joutui näinä vaikeina vuosina turvautumaan ruokaa saadakseen varastamiseen, mistä muodostui hänelle ikävä ongelma tulevina vuosina.

Kasvavassa kaupungissa oli tarjolla myös muita paheita. Pellavatehtaan viereen oli kasvamassa Kyttälän esikaupunki, joka oli tuohon aikaan parin tuhannen asukkaan ahdas ja sokkeloinen, matalista puutaloista koostuva hökkelikylä. Kyttälän oloja pidettiin koko kaupungin kurjimpina. Asunnot olivat pieniä, pimeitä ja kosteita. Yhteiskeittiöjärjestelmä oli yleinen, käymälät jaettiin usean talon kesken, eikä jätehuoltoa ollut. Kyttälän järjestyksen pidosta vastasi Messukylän nimismies, jonka asemapaikka oli kaukana kirkonkylässä. Sääntelemättömän esikaupungin ihmisvilinään ja sokkeloihin oli helppo kadota ja sinne asettui myös rikollisia. Erityisesti markkinapäivinä toimineet Kyttälän korttihuijarit olivat maalaisten keskuudessa pahamaineisia. Yleisin järjestyshäiriöiden syy oli alkoholi. Erityisesti työläisten palkka- ja vapaapäivät sekä markkinapäivät olivat rauhattomia.

William Lomax / Vapriikin kuva-arkisto

Robertin työpaikan vieressä sijaitsi nopeasti kasvava Kyttälän esikaupunki.

Alkoholin käyttö, kortinpeluu, tanssi, naissuhteet, valheet, petokset ja vääryydet olivat Robertin myöhempien muistojen mukaan tuohon aikaan osa hänenkin elämäänsä. Vuonna 1872 hän jäi kiinni taskuvarkaudesta, josta rangaistukseksi Tampereen raastuvanoikeus langetti 22 paria raippoja. Rangaistus oli ankaruudessaan ajatuksia herättävä. Taskuvarkaan ruoskiminen niin, että selkään jää elinikäiset arvet, kuulostaa nykyaikaisen oikeustajun mukaan kohtuuttomalta. Emme kuitenkaan tiedä, onko taustalla ollut muutakin. Onko raastuvanoikeus esimerkiksi pyrkinyt antamaan kovalla rangaistuksella viestin siitä, että kasvavaa pikkurikollisuutta ei suvaita, vaan rangaistukset tulevat olemaan ankaria?

Robert ilmaisi tyytymättömyytensä rangaistukseen ja hänet siirrettiin Hämeenlinnan lääninvankilaan odottamaan asian lopullista päätöstä. Saadakseen kohtuullistettua tuomiotaan Robert kirjoitti nöyrän anomuskirjeen, joka oli osoitettu Hänen Keisarilliselle Majesteetilleen. Autonomisen Suomen hallitsija oli tuolloin Venäjän keisari Aleksanteri II, jonka virkamiehille anomuskirje päätyi. Virkamiesten toiminta oli kohtuullisen ripeää. Anomuskirje oli päivätty 25.10.1872, siihen liittyvä päätös annettiin 14.11. ja tieto päätöksestä saapui Hämeenlinnaan 9.12. Päätös oli helpotus. Raipparangaistus muutettiin 20 päivän vesileipärangaistukseksi. Kyseessä oli vankeuden muoto, jossa vanki sai ravinnokseen pelkkää vettä ja leipää, ja sitä pidettiin enemmänkin häpeä- ja ruumiinrangaistuksena kuin varsinaisena vankeutena. Vielä tuolloin voimassa ollut vuoden 1734 laki määräsi vankeuden vedellä ja leivällä rangaistuksena useista rikoksista. Rangaistus pantiin täytäntöön välittömästi ja näin ollen Robert vapautui vankeudesta 29.12. Koska alkuperäinen raastuvanoikeuden päätös oli annettu 7.10., ehti hän istua rötöksestään vankeudessa kaikkiaan noin kolme kuukautta, josta loppuosan vedellä ja leivällä.

Rangaistus oli nyt suoritettu, mutta asia painoi edelleen Robertin omaatuntoa. Kuukauden kuluttu, 28.1.1873 Robert kävi Tampereella ehtoollisella ja viikkoa myöhemmin 4.2. ripittäytymässä pappilassa. Lapsuudenkodin perintönä hän oli oppinut luottamaan tällaisissa asioissa siihen, että papit kyllä tietävät, mistä tie Taivaaseen menee.

Robertin perhe-elämässä tapahtui suuria muutoksia ennen kuin hän täytti 30-vuotta. Vuonna 1877 hänen molemmat vanhemmat kuolivat. Isä maaliskuussa 72-vuotiaana ja äiti joulukuun lopulla 73-vuotiaana.

Vuoden 1880 talvella Robertin kanssa yhtä aikaa Messukylän kirjoilta Tampereelle siirtynyt pellavatehtaan työntekijä Johanna Mattlin tuli raskaaksi. Johanna oli ollut vuosia samassa työpaikassa Robertin kanssa, ja he olivat todennäköisesti tunteneet toisensa jo pitkään. Robert tunnusti lapsen isyyden ottamalla elokuussa 1880 Johannan vaimokseen. 19.11. nuorelleparille syntyi tyttö, joka sai nimekseen Aina Maria. Johannan raskaus avioliiton solmimisen aikaan oli tuohon aikaan varsin tavallista. Kun ehkäisyä ei ollut, sai moni lapsi alkunsa ennen avioliiton solmimista. Kunniallinen mies otti raskaaksi tulleen naisen vaimokseen, kunniaton hylkäsi tämän. Robertia voitiin siis pitää tässä suhteessa tuon ajan yleisen mittapuun mukaan kunniallisena miehenä.

Vuoden 1882 toukokuussa syntyi toinen lapsi, Karl Alexander. Näihin aikoihin Aina Maria oli sairaana ja kärsi kovista vatsakivuista. Alle kaksivuotiaan tytön vuoteen äärellä istuminen oli herätyshuuto muutenkin synnintuskissaan kamppailevalle isälle. Iankaikkisen kadotuksen pelko täytti mielen ja tuomitsevat Raamatun sanat kiersivät ajatuksissa. Loppukesällä Aina Maria kuoli. Sureva isä joutui saattelemaan pienen tyttärensä haudan lepoon. Kirkonkirjoihin kuolinsyyksi merkittiin vatsatauti ja kuolinpäiväksi 12.8.1882. Tytön kuolema jäi voimakkaana muistona Robertin mieleen.

3. Lestadiolaisuuteen

Kasvavassa työläiskaupungissa yleiset paheet tuntuivat raskaana taakkana heränneellä tunnolla olevan nuoren miehen sisimmässä. Robert rukoili usein yksinäisyydessä, kävi Tampereen vanhassa kirkossa jumalanpalveluksissa ja lähti viimein suuren syntitaakkansa kanssa pappilaan tammikuussa 1882. Käynti pappilassa ei kuitenkaan sujunut aivan odotusten mukaan. Siellä hänelle tarjottiin keskustelun jälkeen punssia, josta Robert kieltäytyi sanoen alkoholin käyttöä synniksi. Tähän pappi puolustautui toteamalla, ettei Raamattu kiellä alkoholin käyttöä, vaikka ei se toisaalta ryyppäämään käskekään. Neuvoiksi elämän tielle Robert sai pappilasta matkaansa kehotuksen rukoilla, lukea Raamattua ja käydä ahkerasti kirkossa. Hyvästellessään Robert pyysi pappia tulemaan kotiinsa pitämään raamatunselityksen.

Pastorin vierailu sovittiin sunnuntaiksi, ja Robert kutsui luokseen myös ystäviään. Näiden mukana oli hänen sisarensa Lenan aviomies Kaarlo Pettersson. Puhe kääntyi ensin maallisiin asioihin. Finlayssonin tehtaassa, jossa Kaarlo oli töissä, oli juuri kokeiltu Suomen ensimmäistä sähkövaloa, joka luonnollisestikin oli päivänpolttava puheenaihe. Robert ei kuitenkaan ollut pyytänyt pappia kotiinsa puhumaan sähkövalosta vaan pitämään raamatunselitystä. Hän keskeytti puheen lyhyeen ja pyysi pastoria puhumaan maallisen valon sijaan taivaallisesta valkeudesta. Pastori ottikin tilanteeseen sopivan virren, piti rukouksen, luki Raamatusta otteen ja piti puheen. Ilta rauhoitti Robertia hieman, mutta ei ottanut pois hänen sisintään kalvavaa ahdistusta.

Tuohon aikaan Tampereella ei Robertin muistikuvan mukaan ollut muita hengellisiä liikkeitä kuin evankelisluterilainen kirkko ja herännäisyys. Kumpikaan näistä ei pystynyt auttamaan Robertia hänen hengellisessä hädässään. Pohjoisesta oli kuitenkin kantautunut uutisia kohti Etelä-Suomea leviävästä lestadiolaisuudesta, joka oli 1870-luvulla levinnyt jo useisiin etelärannikon kaupunkeihin, mutta ei vielä Tampereelle. Vaikka ihmisten puheet ja lehtiuutiset kertoivat lestadiolaisuudesta usein negatiivissävytteisesti, oli asiassa eräs Robertissa toiveita herättävä piirre. Lestadiolaisten kerrottiin antavan syntejä anteeksi. Tästä Robert oli jo nuorena poikana kuullut ja juuri sitä hän kaipasi elämäänsä.

Lestadiolaisuuden vaikutus alkoi noihin aikoihin lähestyä Tamperetta usealta suunnalta. Messukylän kappalaisena 1879–1881 toiminut Emanuel Törmälä julkaisi tuolloin Lohduttaja-nimistä lehteä, jonka sisällön sävy muuttui keväällä 1881 lestadiolaismyönteiseksi. Myöhemmin samana vuonna Törmälä tunnustautui lehtensä palstoilla lestadiolaiseksi ja julkaisi muun muassa Juhani Raattamaan hänelle lähettämän kirjeen. Tämän lisäksi Robertin tietoon oli todennäköisesti tullut, että hänen lankonsa Kaarlo Pettersonin sisaren miehestä Kaarle Lindgrenistä oli tullut lestadiolainen. Lindgren asui tuolloin Helsingissä, mutta oli asunut Tampereella vielä muutamaa vuotta aikaisemmin ja oli luultavasti Robertillekin tuttu henkilö.

Lestadiolaisia Tampereella asui tuolloin vain Oulusta paikkakunnalle muuttaneet naimattomat nuoret naiset Fanny ja Ida Björnström. He muuttivat Tampereelle ilmeisesti 1870-luvun puolivälissä. Fanny nimitettiin syksyllä 1875 Tampereen reaalikoulun piirustuksen opettajaksi. Virka oli aluksi määräaikainen, mutta se vakinaistettiin jo vuonna 1876. Perimätiedon mukaan Fanny ei ollut tuolloin vielä lestadiolainen vaan kääntyi lestadiolaisuuteen käydessään myöhemmin Oulussa.

Kun Robert kuuli heidän asuvan paikkakunnalla, meni hän heitä tapaamaan. Fanny ja Ida huomasivat Robertin olevan heränneellä tunnolla ja rohkaisivat tätä keventämään tuntoaan synneistään puhumalla. Robertin synnit olivat kuitenkin raskaita, eikä tämä rohjennut puhua niistä tarkemmin nuorille naisille. Björnströmin sisarukset sanoivat tuntevansa helsinkiläisen saarnaajan Karl Karllundin, joka päätettiin pyytää Tampereelle seuroja pitämään. Näin tapahtuikin ja Karllund lupasi saapua. Seurojen pitopaikaksi saatiin Läntisen puistokadun varrella olevasta maalari Vuorisen omistamasta talosta iso huone, joka oli

Svante Lagergrén / Vapriikin kuva-arkisto

Etualalla oleva Läntinen puistokatu (nyk. Hämeenpuisto), jonka varrella Tampereen ensimmäisten lestadiolaisseurojen pitopaikka Vuorisen talo sijaitsi, oli tuolloin kaupungin laidalla oleva uusi katu, jonka puut oli hiljakkoin istutettu. Kuva on vuodelta 1879.

Lehti-ilmoitus ensimmäisistä lestadiolaisseuroista Tampereella julkaistiin sekä Aamulehdessä että Tampereen Sanomissa.

Tampereen Sanomat 16.11.1882

— **Uskonnollinen selitys „oikeasta ja wäärästä nöyryydestä"** pidetääu ensi sunnuntai-ehtoona kello 6 täällä Tampereella, tehtailija Wuorisen tolossa olewassa koulussa. Toimitus aljetaan ja lopetetaau wirren weisulla, ja toimituksen perästä kannetaan kolehti hywään tarkoitukseen.

arkipäivisin vuokrattu kansakouluksi, mutta viikonloppuisin se oli tyhjänä. Ensimmäiset lestadiolaisseurat pidettiin Tampereella sunnuntaina 19.11.1882. Seuroja edeltävällä viikolla asiasta julkaistiin lehti-ilmoitus Aamulehdessä 15.11. ja Tampereen Sanomissa 16.11.

Robert oli näissä ensimmäisissä seuroissa kuulijana muiden mukana. Hänen muistiinsa jäi saarnan vaikutus ja itkevät ihmiset. Sana kosketti. Vielä näissä seuroissa hän ei kuitenkaan päässyt vapauteen syntikuormastaan.

Robertin sisaren Lenan aviomies Kaarlo Pettersson kävi ensimmäisten Tampereella pidettyjen lestadiolaisseurojen jälkeen Forssassa tapaamassa veljeään Juhoa, joka on siellä Kojon kartanossa maalarimestarina. Juho oli lestadiolaistunut jouluna 1880, kun hänen ja Kaarlon sisaren Selman aviomies Kaarle Lindgren oli ollut käymässä Forssassa ja todistanut hänelle tällä matkalla kaikki synnit anteeksi. Juho ei pitänyt saamaansa uskoa omana tietonaan, vaan puhui siitä veljelleen Kaarlolle, joka koki tarvitsevansa tällaista kristillisyyttä itsekin. Lopputulos oli, että Kaarlo Pettersson sai tällä Forssan-matkallaan lestadiolaisen uskon sydämelleen ja kertoi siitä Robertille kotiin palattuaan.

Robertille vapahduksen synneistä tarjosivat seuraavat Tampereella pidetyt seurat, joissa saarnaajina olivat helsinkiläiset Gustaf Sundström ja Axel Berglund. Tällä kerralla saarnaajat alkoivat heti puhutella Robertia ja lopulta todistivat hänelle kaikki synnit anteeksi Jeesuksen nimessä ja veressä. Tämän sanan Robert uskoi ja sai näin sydämelleen elävän uskon yksin armosta. Helpotus on varmasti ollut suuri pitkän kamppailun päätyttyä armollisiin syntien anteeksiantamuksen sanoihin, jotka helsinkiläiset saarnaajat saivat julistaa Robertin syntien sovitukseksi.

Vuoden 1883 loppupuolella Robertin asiat vaikuttivat olevan hyvin. Epävakaa elämä oli takana päin, omatunto ei enää soimannut ja hänellä ja Johannalla oli 1-vuotias poika. Hyvä aika ei kuitenkaan kestänyt pitkään. Tiistai-iltana 8.1.1884 Robert lankesi vanhaan helmasyntiinsä varastamiseen. Hän varasti Ahlgrenin puodista saappaat, jäi heti kiinni ja vietiin vangittuna suoraan putkaan. Maanantaina 14.1. raastuvanoikeus tuomitsi Robertin kolmeksi vuodeksi kuritushuoneeseen ja kärsimään yhden parin raippoja. Lehtitietojen mukaan häntä oli rangaistu varkaudesta tätä ennen kaksi kertaa. Ensimmäinen kerta oli ollut aiemmin kerrottu rangaistus taskuvarkaudesta vuonna 1872. Toisesta rangaistuksesta ei ole löytynyt muuta tietoa kuin tämä maininta lehtiuutisissa, joten emme tiedä, milloin ja millaisesta tuomiosta on ollut kyse.

Raastuvanoikeuden määräämä raipparangaistus oli määrältään pienin mahdollinen. Kyseessä lienee ollut enemmänkin varkaalle määrätty julkinen nöyryytys kuin erityisen ankara ruumiillinen rangaistus. Tuohon aikaan kaupungin rajalla oli 2,5 metrin korkuinen häpeäpaalu, kaakinpuu, johon tuomittu sidottiin raipparangaistuksen ajaksi. Raipaniskut annettiin tuomitun paljaaseen selkään valvojan tarkkaan määräämässä tahdissa. Rangaistuksen suoritti Jussi Meriläinen niminen piiskuri, joka oli kaupungin virkamies. Käytetyt raipat olivat kahdesta yhteen punotusta pikkusormen vahvuisesta pajusta tarkoitusta varten yhteen punottu vajaan metrin pituisia lyöntivälineitä, joiden valmistus oli piiskurin tehtävä. Yhdellä tällaisella raippaparilla lyötiin kolme kertaa, jonka jälkeen piiskaaja otti käyttöön uuden parin. Nimitys raippapari kuvastaa siis itse raippaa eikä lyöntien määrää. On todennäköistä, että Robert kärsi hänelle määrätyn raipparangaistuksen Tampereen kaakinpuussa tammikuun pakkasessa. Nykyään kaakinpuun paikalla on kivinen muistomerkki, joka sijaitsee Tampereen yhteiskoulun pihalla, Hallituskadun ja Mariankadun kulmassa.

K. E. Ståhlberg / Museovirasto

Sörnäisten keskusvankilassa oli 100 selliä, 250 makuuselliä, yhteistilat 100 vangille sekä työhuoneet, sairaala, kirkko ja päällystön asuintilat. Vangit olivat tuohon aikaan tyypillisesti 4-5-kertaisia kuritushuonevankeja. Yläkuvassa vankilan pääportti ja alakuvassa Robertille todennäköisesti tutuksi tullut suutarinverstas.

K. E. Ståhlberg / Museovirasto

Kuritushuonetuomion Robert suorittu Sörnäisten keskusvankilassa, jossa hän oli kirkonkirjojen mukaan täydet kolme vuotta ja ripittäytyi tänä aikana kolme kertaa varkaudesta. Sörnäisten vankila oli tuolloin varsin uusi rangaistuslaitos, jonka ensimmäinen vaihe oli valmistunut vuoden 1881 lopulla Helsingin Sörnäisten Koivuniemeen.

Tässä kohdassa tarinaa Robertin vaimoa Johannaa käy sääliksi. Hän oli raskaana Robertin joutuessa vankilaan, minkä lisäksi hänellä oli huollettavanaan alle kaksivuotias poika. Robertin vankeusrangaistuksen aiheuttama häpeä painoi varmasti mieltä ja elinolot olivat vaikeat. Tuohon aikaan ei ollut nykyisen kaltaista sosiaaliturvaa ja yksin jääneen naisen oli tultava toimeen parhaansa mukaan.

Johannan synnytti pariskunnan kolmannen lapsen 14.9.1884. Poika kastettiin samana päivänä kuin syntyi, mikä viittaa hätäkasteeseen. Hänen nimekseen tuli Johan Hjalmar. Kahden viikon kuluttua, syyskuun viimeisenä päivänä, lapsi kuoli ja Johanna on jälleen kahden kaksivuotiaan Karlin kanssa. Koska Robert oli tuolloin Sörnäisten keskusvankilassa, ei hän todennäköisesti koskaan nähnyt kolmatta lastaan.

4. Suutari

Päästyään vankilasta vuonna 1887 Robert ei enää palannut entiseen työhönsä Pellavatehtaaseen, vaan jatkoi isänsä jalanjäljissä suutarin ammatissa, johon hän oli todennäköisesti saanut oppia Sörnäisten keskusvankilan suutarinverstaalla. Tästä alkoi ahkera ilmoittelu paikallisissa sanomalehdissä, mikä tarjoaa monia pieniä tietoja Robertin elämästä, asuinoloista ja ammatinharjoittamisesta. Suutarinliikkeen alkukuukausina Robert ja Johanna asuivat Mustalahdenkadulla Amurissa. Paikka sijaitsi laitakaupungilla ja oli todennäköisesti edullinen ja vaatimaton asuinpaikka. Suutarintyöt näyttävät lähteneen hyvin käyntiin, sillä osoite muuttui jo muutaman kuukauden kuluttua hieman lähemmäs keskustaa, Läntisen puistokadun (nyk. Hämeenpuisto) varressa olevaan kirjansitoja Toivosen taloon.

Myös se, että Robert haki lähes jatkuvasti työvoimaa lehti-ilmoituksilla, kielii liiketoiminnan menestymisestä. Työnhaussa Robert toivoi hakijalta raittiutta ja asetti etusijalle nuoret vasta ammattiin hakeutuvat suutarin oppilaat. Tarjolla näyttäisi olleen oppisopimusluonteisia töitä suutarin oppilaana.

Suutariliikkeen menestymiselle olikin nuoressa teollisuuskaupungissa hyvät mahdollisuudet. Kaupungin asukasluku kasvoi koko ajan ja teollista kenkien tuotantoa ei vielä ollut merkittävissä määrin. Suuri osa kenkien valmistuksesta tapahtui 1800-luvun loppupuolella perinteisin käsityömenetelmin suhteellisen pienissä suutarinverstaissa. Kysyntää lisäsi myös se, että kaupungin teollisuustyöt tarjosivat perinteistä maatalouselinkeinoa paremman tulotason suurelle määrälle ihmisiä. Kaupungin työläisväestö tarvitsi kenkiä ja heillä oli varaa hankkia niitä. Robert osui liikkeensä perustamisessa hyvään aikaan ja sai yritteliäänä miehenä liikkeen menestymään. Nuo vuodet olivat ammattikunnan kulta-aikaa ja suutarien töille oli paljon kysyntää.

Aamulehti 11.8.1887

Wiinaa ryyppäämätön ja taitawa suutari saa etuisan työpaikan luonani.
Suutari R. A. Grönfors.
Mustonlahden katu N:o 220.

Aamulehti 21.6.1888

Pawelukseen halutaan.

Kolme nuorta miestä saawat asunnon kirjansitoja Toiwosen talossa.
R. A. Grönfors'illa.

Aamulehti 28.6.1888

Taitawa ja siiwo jalkineitten tekijä, joka haluaa pysywäistä paikkaa, ilmoittakoon heti itsensä Toiwosen talossa. R. A. Grönfors. Huom.! Suutarin työhön harjaantunut poika saapi myöskin paikan samassa paikassa.

Aamulehti 2.3.1889

Suutarin sälli joka haluaa pidemmäksi aikaa työtä, on taitawa leikkuu konstiin, sekä muuten uskottu, saa tulla tekemään kanssani kauppoja, Puuwillateht.katu 31. Ryyppääjät älköön liikkuko.
R. A. Grönfors.

Aamulehti 21.9.1889

3 eli 4 siiwoa nuorukaista saa asunnon ja jos haluaa niin ylöspidonkin Lokak. 1 p., Puuwillatehtaankatu 31.
R. A. Grönfors.

Maamme 24.6.1890

Palwelusta halutaan.

Ripillä käynyt willas poika, joka haluaa suutariksi, mieluummin maalta, saa heti paikan
R. A. Grönfors.
Tampere.

Uusi Suometar 9.9.1890

4 kursikasta suutarin sälliä ja 2 harjaantunutta poikaa saavat heti ansiollista työtä pitemmäksi aikaa.
R. A. Grönfors Tampereella.

Työpaikkailmoituksia R. A. Grönforsin suutarinliikkeen alkuvuosilta. Ilmoittelu oli vilkasta ja työpaikkoja oli monesti tarjolla useita samaan aikaan. Ensimmäisinä vuosina ilmoitukset keskittyivät paikalliseen Aamulehteen, mutta jo vuonna 1890 työvoimaa piti yrittää saada myös Tampereen ulkopuolelta.

Grönforsit asuivat suutarinliikkeen perustamisen aikoihin Amurissa, jossa asunnot olivat tämän kaltaisia huoneita. Ruoka valmistettiin usean perheen kesken jaetuissa yhteiskeittiöissä. Kuvan 1880-luvun asussa oleva asuinhuone on Amurin työläismuseossa.

Yrityksen perustaminen oli suuri ponnistus ja vaati paljon työtä. Yritykselle piti löytää sopivat toimitilat ja työntekijöille tarjota olot, joissa he viihtyivät. Asiakkaita piti hankkia ja heitä palvella heidän odotuksensa täyttävällä tavalla. Myös perheen tarpeet piti huomioida. Heinäkuussa 1888 Johannalle ja Robertille syntyi tytär, Johanna Eufrosyne. Vanhemmista lapsista elossa oli vain 6-vuotias Karl, joten kotona oli nyt kaksi lasta. Voidaan myös olettaa, että perheellä oli kotieläimiä, sillä syyskuussa 1889 Robertilla oli myynnissä kaksi sikaa, joista hän lehti-ilmoituksen perusteella luopui Puuvillatehtaankadulta muuton vuoksi. Sikojen pito Tampereen keskustassa onkin yksi nykyajan asuinoloihin tottunutta ihmistä yllättävistä asioista Robertin elämäntarinassa.

Johannalla on varmasti ollut kädet täynnä työtä kodista ja lapsista huolehtimisessa, sillä Robertin aika on todennäköisesti kulunut suurelta osin yritystoiminnan parissa.

Oman mausteensa perheen elämään toivat yritystoiminnan alkuaikoihin ajoittuneet lukuista muutot. Lehti-ilmoituksista löytyvät seuraavat osoitteet, joista ei varmuudella pysty päättelemään, onko kyse kodin vai suutarinliikkeen osoitteesta. Voidaan kuitenkin olettaa, että yritystoiminta on ainakin suutarinliikkeen alkuaikoina tapahtunut kodin yhteydessä. Muuttoja on siis ollut useita.

8.1887	Mustalahdenkatu 220
9.1887–9.1888	Läntinen puistokatu, kirjansitoja Toivosen talo (nyk. Hämeenpuisto 12:n paikalla)
3.–9.1889	Puuvillatehtaankatu 31
12.1889–5.1890	Hautausmaankatu 10 (nyk. Amurinkadun paikalla)
6.–10.1890	Kuninkaankatu 68 ja 6

Lukuisat muutot näkyivät myös suutarinliikkeen lehti-ilmoituksissa, joita alkaa ilmestyä Aamulehden palstoille Puuvillatehtaankadulle muuton jälkeen keväällä 1889. Tämän jälkeen ilmoittelu vilkastui ja jo seuraavana vuonna Grönforsin suutarinliikkeen mainos oli tuttu näky eteenkin Aamulehdessä. Myös Tampereella ilmestyneestä Maammelehdestä löytyy muutama mainos suutarinliikkeen alkuvuosilta. Ruotsinkielisiä mainoksia löytyy näiltä vuosilta vain yksi, joka on julkaistu Tammerfors Aftonbladetissa liikkeen muuttaessa Kuninkaankadulle.

Lehti-ilmoituksista saa sen kuvan, että Kuninkaankadun liike on ollut ensimmäinen varsinainen suutarinliike ja aiemmat toimitilat pikemminkin suutarinverstaita, joissa ei todennäköisesti ole ollut varsinaista myymälätilaa lainkaan.

Aamulehti 16.4.1889

JALKINEITA.

Miesten pitkävartisia saappaita ja suvikenkiä, samoin naisten usiampaa lajia; tilaukset ja korjaukset toimitetaan vaatijain mielen jälkeen ensi pyynnöllä. Käykää katsomassa, hinnat on huokeat. Osoite 31 Puuvillatehtaankatu 31.

R. A. Grönfors.

Huom.! Työ kehuu itsensä.

Aamulehti 3.12.1889

Arwoisaa yleisöä

huomautan että warastossani löytyy **Jalkineita** miehille ja naisille hienompaa ja rouwimpaa teosta halwalla hinnalla. Tilaus, uudet ja wanhat toimitetaan kaikki huolellisesti. Kunnioituksella

R. A. Grönfors, suutari.
Hautausmaankatu N:o 10 Tampere.

Aamulehti 5.6.1890

R. A. Grönfors'in suutarinliike Tampereella,
Kuninkaankatu 68.

Wastaan otan, taitawan tykö leikkaajan J. Josefsson'in sekä muittenkin raitisten miesten awulla, kaikkia ammattiin kuuluwaa työtä. Huom.! Hinnat työnwaatimuksien jälkeen.
Kunnioituksella R. A. Grönfors.

Tammerfors Aftonbladet 6.6.1890

R. A. Grönfors Skomakerirörelse i Tammerfors,
Konungsgatan 68.

Emottager under J. Josefssons skickliga ledning och med andra nyktra arbetares biträde, alla till yrket hörande arbeten. Obs! Prisen efter arbetets beskaffenhet.
Högaktningsfullt: R. A. Grönfors.

Maamme 2.8.1890

R. A. Grönfors, Kuninkaankatu 68.

Warasto jalkineita miehille ja naisille. Tilaukset toimitetaan joutuin. Wanhoja kenkiä korjataan huolellisesti. Työn kelwollisuus taataan

R. A. Grönfors.

Huom.! Hinnat kohtuulliset.

Aamulehti 4.10.1890

Jalkineita

isompi warasto miesten ja naisten hienompaa ja rouwimpaa tekoa kohtu hinnoilla. Tilaukset ja korjaukset tehdään joutuun uudet sekä wanhat.

R. A. Grönfors,
Kuninkaankatu 6.

Aamulehti 14.10.1890

Saan kunnian huomauttaa että jalkine-warastossani löytyy: miesten ja poikain formu- sekä lankattawia nauta-, hewos-, ja wasikan-nahkta saappaita sekä patiinia. Naisten jalkineita useampaa eri lajia. Tilaukset toimitetaan joutuun ja työn kelwollisuus taataan.

R. A Grönfors.
Kuninkaankatu N:o 6.

Grönforsin suutarinliikkeen mainoksia liikkeen alkuvuosilta.

Suutarinliikkeen lehti-ilmoitukset antavat hyvän kuvan liikkeen toiminnasta ja sen valikoimasta. Liikkeellä näyttää olleen alusta alkaen ainakin mainosteksteissä laajaksi kehuttu valikoima valmiita naisten ja miesten kenkiä. Tämän lisäksi kenkiä on tehty ja korjattu perinteiseen suutarinammattiin kuuluvalla tavalla tilaustyönä. Työn laatua kehutaan hyväksi ja hintoja edullisiksi, kuten mainoksissa kuuluukin.

Tuohon aikaan oli tyypillistä, että mainoksia elävöitettiin pienillä kuvilla, joilla pyrittiin kiinnittämään lukijan huomiota. Näin Robertkin toimi, ja lehti-ilmoituksiin alkoi ilmaantua kenkien kuvia Kuninkaankadun liikkeen aikoihin.

Kaiken tämän toiminnan lisäksi Robert oli tuohon aikaan aktiivinen sekä ammattiinsa liittyvässä että lestadiolaiskristillisessä yhdistystoiminnassa. Eräs esimerkki tästä aktiivisuudesta oli se, että hän oli perustamassa Työväenyhdistyksen jalkineammattiosastoa lokakuussa 1889. Tämän ammattiosaston vuosijuhlaan Robert osallistui vielä kymmenen vuoden kuluttua.

Merkittävin suutarintoiminnan ulkopuolinen aktiivisuus oli osallistuminen hänelle tärkeään lestadiolaiskristillisyyteen. Hän muun muassa toimi tuohon aikaan Sanomia Siionista -nimisen lestadiolaislehden lehtiasiamiehenä Tampereella. Lehti oli Enontekiön kappalaisen Aatu Laitisen toimittama ja sen tilaukset hoidettiin eri paikkakunnilla olevien asiamiesten välityksellä. Esimerkiksi vuoden 1890 tilauksia Robert otti vastaan suutarinliikkeessään.

Aamulehti 31.12.1889

Sanomia Siionista

w. 1890

saa tilata R. A. Grönfors'ilta Hautausmaankatu N:o 10.

Lestadiolaisseuroja pidettiin vuosina 1888–1891 kirjansitoja Wilhelm Toivosen talossa, jossa Grönforsin suutarinliike oli tuota ennen sijainnut. Toivonen oli tuohon aikaan keskeinen henkilö Tampereen lestadiolaisuudessa ja hän oli vuonna 1890 perustetun Tampereen Rauhanyhdistyksen johtokunnan ensimmäinen puheenjohtaja. Myös Robert Grönfors oli mukana Rauhanyhdistyksen toiminnassa. Kun yhdistyksen ensimmäinen toimintavuosi oli takana, toimi Robert sen tilintarkastaja.

Tampereen Rauhanyhdistyksen arkisto

Sekä ehdottaisimme, että nyt koska Hyyryn maksu se tulee suuremmaksi, että jokainen omantuntonsa mukaan koittais maksunsa suorittaa. Sillä meistä tuntuis siltä, että jokainen kantais omaa kuormaansa niin, että rahaston hoitaja joka maksut on suorittava ei tarvitsis työnsä edestä olla kassan tyhjyyden tähden kiusattu.

Tampere Maaliskuun 28 p. 1891

K. L. Forstelin

R. A. Grönfors

Robert Grönforsin allekirjoittaman Tampereen Rauhanyhdistyksen tilintarkastuskertomuksen loppu, jossa tilintarkastajat vetoavat yhdistyksen jäseniin varojen keräämiseksi yhdistyksen kokoustilojen vuokria varten.

Vuonna 1891 Robert oli seurakunnan asialla vielä toisen kerran. Kyseessä oli kysymys evankelisluterilaiseen kirkkoon seurakuntayhteydessä olemisesta ja sen jumalanpalveluksiin osallistumisesta. Nämä asiat mietityttivät tuon ajan lestadiolaisia ja niihin haluttiin kysyä neuvoa. Robert kirjoitti Sanomia Siionista -lehden päätoimittajalle Aatu Laitiselle kirjeen, joka ei ole säilynyt meidän päiviimme. Laitisen lehdessään julkaisema vastaus on kuitenkin säilynyt ja siitä pystyy hyvin päättelemään, mitä asioita Robertin kirje on koskenut. Vastauksessaan Laitinen kehottaa lestadiolaiskristittyitä osallistumaan evankelisluterilaisen kirkon jumalanpalveluksiin ristiriidoista huolimatta.

Sanomia Siionista 10/1891

Kirje Enontekiöltä 11/8 1891.

Rakkaalle weljelle Herrassa R. A. Grönfors ynnä muille Herran walituille Tampereella.

Armo ja rauha Herrassamme Jeesuksessa olkoon kanssamme. Kesken kiireen ja wäsyneenä paljosta kirjotuksesta, wastaan weljen rakkaasen kirjeesen eräillä sanoilla. Kirkossa käyntiä olen itseki ahkeroinut mat-

Grönfors kirjoitti vuonna 1891 Enontekiön kappalaiselle Aatu Laitiselle kirjeen, johon Laitinen vastasi näin alkavalla Sanomia Siionista lehdessä julkaistulla kirjeellä. Kirje on kokonaisuudessaan tämän teoksen liitteessä 1.

Nämä tehtävät näyttävät jääneen tältä erää Robertin viimeisiksi Tampereen lestadiolaisyhteisössä, eikä hänen nimeään löydy enää tämän jälkeen Tampereen Rauhanyhdistyksen pöytäkirjoista.

5. Kenkätehtailija

Grönforsin suutarinliike menestyi varsin hyvin ja liiketoiminnalla oli laajenemisen edellytyksiä. Vuoden 1890 kesäkuussa Robert haki samalla lehti-ilmoituksella suutarinliikkeeseensä neljää kisälliä, eli tasoltaan oppipojan ja suutarimestarin välillä olevaa suutaria, ja kahta harjaantunutta oppipoikaa. Kuuden työntekijän palkkaaminen samalla kerralla kertoo liiketoiminnan voimakkaasta kasvusta.

Saman vuoden joulukuussa Grönforsin liike muutti uusiin tiloihin ja suutarinliike muuttui jalkinekaupaksi. Jo ensimmäisessä lehti-ilmoituksessa oli nähtävissä liikkeen profiilin nosto uudelle tasolle. Aiempaa näyttävämmällä kuvituksella ja kirjasintyyppien käytöllä pyrittiin kiinnittämään lehden lukijan huomio aiempaa paremmin, mikä varmasti onnistuikin.

Aamulehti 12.12.1890

Jalkineliikkeen sijainti Kuninkaankadun ja Uudenkadun (nyk. Satakunnankatu) kulmassa oli varsin keskeinen. Liike oli korttelin päässä Finlaysonin tehdasalueen pääportista ja vain pari korttelia Kauppatorilta, joksi Tampereen Keskustoria tuolloin kutsuttiin. Finlayson oli kaupungin suurin työantaja ja tehdasalueen portista kulki suuri määrä työntekijöitä joka päivä. Tehtaan työntekijät ja työnjohto muodostivat merkittävän osana jalkineita tarvitsevasta asiakaskunnassa ja kaupankäynnin edellytykset olivat hyvän sijainnin vuoksi otolliset.

Kustannusosakeyhtiö Otavan kokoelma / Museovirasto

Työvuoro Finlaysonilla on päättynyt. Tehtaan työntekijät muodostivat todennäköisesti merkittävän osan läheisen jalkinekaupan asiakaskunnasta.

Jalkinekaupan alkuajat näyttävät muodostuneen varsin kiireisiksi monessa mukana olleelle yrittäjälle. Kenkiä valmistettiin ja myytiin, ja moneen asiaan oli hyvän yrittäjähengen mukaisesti osallistuttava. Liikkeen ilmoittelu oli tuolloin erittäin aktiivista ja markkinoinnissa pyrittiin hyödyntämään monia keinoja. Heinäkuussa 1891 Grönfors ilmoitti valmistaneensa suuren erän jalkineita Hämäläis-Osakaskunnan tapahtumaan osallistuvilla. Saman vuoden joulukuussa hän järjesti työntekijöidensä kesken työkilpailun, jonka tarkoituksena näyttää olleen laadun parantaminen ja tässä yhteydessä saadun julkisuuden hyödyntäminen markkinoinnissa. Työkilpailusta kertovassa sanomalehtiuutisessa Robert mainittiin ensimmäistä kertaa tehtailijaksi, mikä oli jo merkittävä saavutus tyhjästä ponnistaneelle yksityisyrittäjälle.

Vuoden 1892 alussa alkoi Tampereella ilmestyä Kodin-ystävä -niminen aikakauslehti. Tässäkin asiassa Robert oli mukana heti alusta alkaen. Hänen liikkeensä mainos oli jo lehden näytenumerossa marraskuussa 1891 ja hänen liikkeessään otettiin vastaan uuden lehden tilauksia.

Jokainen yrittäjän päivä ei kuitenkaan ole menestyksen päivä. Tammikuussa 1892 Robertin työntekijöistä kaksi irtisanoutui, tai oikeammin sanottuna lähti työpaikastaan. Suutarit J. Anttila ja A. Iltanen olivat olleet vain kuukautta aikaisemmin työkilpailussa palkittujen työntekijöiden joukossa, mutta nyt he päättivät jostain syystä jättää heidät palkinneen työnantajan. Lähtö ei näytä sujuneen aivan kitkatta, sillä Robert päätyi ilmoittamaan asiasta hieman tuohtuneeseen sävyyn sanomalehdessä. Työkilpailun uutisoinnista, jossa samat henkilöt ovat saaneet palkinnot sekä miesten että naisten jalkineiden valmistuksesta, saa sen kuvan, että kilpailuun on osallistunut viisi kisälliä ja yksi työnjohtaja. Työväkeä on tuolloin tuskin ollut kymmentä henkeä enempää. Kun tämän suuruisesta työväestä lähtee kaksi hyvää suutaria juuri silloin, kun yritys alkaa käyttää itsestään nimeä jalkinetehdas ja hankkii itselleen puhelimen, on menetys liiketoiminnalle varmasti

Kodin-ystävä 1.2.1892

R. A. Grönfors.
Kuninkaan- ja Uudenkadun kulmassa, Tampere.
Suurin jalkinetehdas!
Saappaita montaa eri lajia, patiinia samoin, luistinkenkiä samoin. Naisille: patiinia, nappi-, nauha-, tyyki-, nahka- sekä luistinkenkiä. Lasten: useampaa kokoa ja poikain formusaappaita. Työn kelvollisuus taataan. Hinnat on laskettu niin alas kuin mahdollista. Uusi Telefooni 87.

ollut kohtalaisen iso. Syyskuussa irtisanoutumiset saivat jatkoa, kun suutari Andreas Sjöblad jätti työpaikkansa. Työt kuitenkin jatkuivat ja työväkeä palkattiin lisää.

Samana vuonna liiketoiminnassa näyttää olleen muitakin haasteita. Eräs tallaisista oli tapaus, jossa Grönfors tilasi tavaraa eräältä kauppahuoneelta Kööpenhaminasta. Tavarat maksettiin vekselillä etumaksuna. Saapunut tavara ei vastannutkaan tilausta, eikä asia saatu sovittua tavarantoimittajan kanssa ilman oikeudenkäyntiä.

Jalkineliikkeen lehti-ilmoitukset vähenivät ja lopulta liike muutti jälleen uusiin toimitiloihin. Kesäkuusta 1893 alkaen R. A. Grönforsin jalkineliike sijaitsi Kuninkaankadun ja Hallituskadun kulmauksessa. Sijainti oli

Historian kuvakokoelma / Museovirasto

Kaupungin vaurastumisen myötä Isosillan (nyk. Hämeensilta) kulkijoissa näki myös paremmin pukeutunutta tuontijalkineita arvostavaa väkeä.

vähintään yhtä keskeinen kuin edellinen liikehuoneistokin. Kauppatorille matkaa on nyt vain parisataa metriä. Tämä liiketila ehti kuitenkin olla Grönforsin käytössä vain vuoden ennen kuin liike muutti jälleen uusiin tiloihin. Vuoden 1894 kesäkuusta jalkineliikkeen osoite oli Puutarhakatu 12b.

Puutarhakadun liike antaa itsestään kuvan menestyvänä liikeyrityksenä, jonka toimintaan kuului sekä jalkineiden valmistus tilauksesta että tuontitavarana hankittujen ulkolaisten kenkien myynti. Valikoimasta löytyi jalkineita saappaista aamutossuihin ja wieniläisistä tanssikengistä venäläis-amerikkalaisiin kumikalosseihin. Valikoiman toisen pään muodostivat erilaiset nahat sekä suutarintyössä ja jalkineiden hoidossa käytettävät tarvikkeet. Myös nahkavalikoimassa sisälsi tuontitavaraa. Ulkomaantuonti näyttääkin olleen kiinteä osa liiketoimintaa.

Varsinaisen jalkineliiketoiminnan ohella Grönforsin liike toimi aiempaan tapaan ainakin Sanomia Siionista ja Kodin-ystävä -lehtien tilausasiamiehenä. Seuraavan vuoden lehtitilaukset sai jättää liikkeeseen ja tästä myös ilmoitettiin aktiivisesti joulukuisissa lehti-ilmoituksissa. Tämä toiminta ei todennäköisesti ole ollut kovin tuottoisaa, mutta onhan samalla voinut syntyä kaupat myös kengistä.

Robertin koti lienee noina aikoina ollut keskiluokkainen kaupunkilaiskoti, jossa päästiin nauttimaan menestyvän liiketoiminnan mukanaan tuomista eduista. Eräs tällaisista on todennäköisesti ollut se, että perheellä on ollut varaa pitää kotiapulaista. Jo vuonna 1892 Robert etsi lehti-ilmoituksella palvelustyttöä, mistä voidaan päätellä perheellä olleen käytössään palvelusväkeä ainakin jossain määrin. Tästä ei kuitenkaan ole täyttä varmuutta, sillä lehti-ilmoituksessa ei kerrota, sijoittuuko palvelustytön työ enemmän kodin vai liikkeen puolelle. Myöhemmässä ilmoituksessa vuodelta 1896 palvelustyttöä haetaan nimenomaan jalkineliikkeeseen. Robertin ja Johannan kotioloista on löydettävissä varsin niukasti tietoa.

Tampereen Sanomat 16.12.1895

T:fors 1 k. w. 10 kk.

Joululahjoiksi

owat kaikkein käytännöllisempiä ostaa Rouwain ja Herrain aamukengät, ja lapsille erittäin kauniita kenkiä. On myös nyt saapunut niitä paljon kysyttäjä Wieniläisiä tanssikenkiä, sekä suuri walikoima kaikellaisia jalkineita, joita myy jotenkin halwalla

R. A. Grönfors.
Puutarhakatu n:o 12 b.

Aamulehti 19.9.1896

Nyt saapunut runsas valikoima Venäläis-amerikalaisia

Gummi-Kalossia,

ruskeita saapasvarsia, ulkolaisia nahkoja, patiinien päällisiä herroille, lestiä, mustia poikain varsia, mustavaksia ja roppunauhaa y. m., y. m Jalkineita on myöskin suuri varasto. Hinnat halvat.

R. A. Grönfors,
Puutarhakatu 12.

Tampereen Uutiset 19.12.1896

Täten suositan arv. yleisölle,

ensiksikin: suuren ja hyvin lajitellun jalkinevarastoni, joita tilan ahtauden takia myyn tästä jouluun peräti halvalla sekä Rauman, Oulun, Tourulan ja kotitekoista juhtinahkaa tehtaan hinnalla ynnä 2:ta erilaista ulkomaalaista pohjanahkaa kuin myös saapasvarsia, päällysnahkoja, kenkärasvaa, kengänmustetta, apretuuria, lakkaa, pikiä, harjaksia, nauhoja, nappia, mustavaksia, rinkiä, risinkaa, roppunauhaa, nappikoukkuja ja lastinkia y. m., y. m.

Huom! Pienten poikain saappaita ja aamutossuja suuri varasto, varmaankin sopivia joululahjoiksi.

R. A. Grönfors.
Puutarhakatu 12 b. telef. 89.

R. A. Grönforsin lehti-ilmoitukset antavat kattavan kuvan liikkeen valikoimasta, johon kuului niin jalkineita kuin suutarintyössä tarvittavia tarvikkeitakin.

Työnantaja Robert näyttää nauttineen työntekijöiden luottamusta. Tämä käy ilmi erityisesti vuoden 1896 alalla vallinneiden lakkoiluajatusten yhteydessä julkaistuista lehtikirjoituksista. Grönforsin jalkineliikkeen työntekijät eivät osallistuneet lakkoon ja pitivät palkkaansa riittävänä, kuten heidän Tampereen Sanomissa julkaistusta kirjoituksestaan näkyy. Yleisöltä-osaston kirjoituksen on allekirjoittanut kymmenen työntekijää, mikä antaa jonkinlaisen kuvan yrityksen työntekijöiden määrästä. Myös se kuvaa toiminnan laajuutta, että useissa lehti-ilmoituksissa haetaan jopa viittä kisälliä samaan aikaan. Työväkeä on ollut runsaasti, toiminta laajaa ja tuotevalikoima monipuolinen.

Gustin Lojander / Vapriikin kuva-arkisto

Puutarhakatua Grönforsin jalkineliikkeen vierestä. Talvelta 1894 otetusta kuvasta näkee, että kaupungissa ajettiin tuolloin talvisin reellä.

Tampereen Sanomat 19.6.1896

Yleisöltä.

Koska nykyisin kaupungissamme wallitsee työlakko-aikeita suutarin työntekijäin keskuudessa, niin saamme me allekirjoittaneet täten julkisesti ilmoittaa, että emme millään lailla ota osaa näihin hankkeisiin emmekä palkanylennyswaatimuksiin sen wuoksi, että meidän mestarimme on suosiollisesti maksanut meille riittäwän palkan, johon kaikin puolin olemme tyytywäiset. Työlakkoa hommaawat owat hywäksi nähneet työmiesten palkkamaksujen suhteen asettaa meidän työnantajamme hra Grönfors'in toiseen luokkaan, waan niihin palkkoihin nähden, joita me olemme nauttineet hänen palweluksessaan, katsomme meidän työpaikkamme ensimmäiseen luokkaan kuuluwaksi. Kuten sanottu, emme laisinkaan yhdy tekeillä olewiin lakkohommiin, koska meidän mielestämme sellaiset puuhat eiwät ole eduksi enemmän työnantajille kuin meille työmiehillekään ja kun sowinnollisella keskustelulla aina enemmän woitetaan. Tampereella, kesäk. 18 p. 1896.

Gustaf Sirén. J. E. Helander.
J. O. Annala. T. Lindell.
W. Nieminen. F. Stenqwist.
K. A. Nurminen. S. Huhtinen.
J. Leppänen. K. W. Wallin.

Työntekijät pitivät Grönforsin jalkineliikettä hyvänä työnantajana, eivätkä osallistuneet lakkoon.

Vuodet 1895–1896 olivat R. A. Grönforsin jalkinekaupan ja -tehtaan kukoistusaikaa. Kauppa kävi, asiakkaita riitti ja työntekijöiden kanssa meni hyvin. Kenkiä valmistettiin ja niitä tuotiin ulkomailta. Tamperelainen kenkäteollisuus oli aluillaan ja Robert oli saanut olla mukana tämän myöhemmin kaupungissa suureksi teollisuudenalaksi kasvavan toiminnan alkuvaiheista asti. Edessä näytti olevan menestyvän liike-elämän täyttämä tulevaisuus.

Kodin-ystävä 20.3.1896

6. Vaikeita vuosia

Vuosi 1897 toi Robertin elämään muutoksen. Liiketoiminta ei ollutkaan sujunut siihen malliin kuin jalkinetehtailijan itsestään lehdistössä antama julkiskuva antoi olettaa. Yritys oli vaikeuksissa. Maaliskuun 11. päivänä Robert joutui jättämään konkurssihakemuksen Tampereen raastuvanoikeuteen.

Tästä alkoi pitkä ja varmasti raskas prosessi. Raastuvanoikeus määräsi konkurssipesän hoitajiksi eli uskotuiksi miehiksi kauppiaat Conrad Tennbergin ja J. K. Hildenin. Heidän johdollaan järjestettiin ensimmäinen velkojien kokous jo puolitoista viikkoa konkurssihakemuksen jättämisen jälkeen. Prosessi lähti siis varsin rivakasti käyntiin.

Liikkeen varastossa oli konkurssihetkellä runsaasti valmiita jalkineita, eikä työväkeäkään oltu vielä irtisanottu. Liikkeen toiminta jatkui uskottujen miesten johdolla vielä lyhyen ajan, jona valmiita jalkineita myytiin alennetuin hinnoin. Hieman erikoista on se, että tuolloin otettiin vastaan myös uusia tilauksia.

Kun raastuvanoikeus oli käsitellyt konkurssiasiaa toukokuun lopulla, alettiin liikkeen irtaimisto, työkaluja ja vielä myymätöntä tavaraa huutokaupata huutokauppakamarissa. Kesäkuussa järjestetyssä konkurssihuutokaupassa merkittävimpiä myyntiartikkeleita olivat myymälän irtaimisto ja liikkeen käytössä ollut tuohon aikaan vielä harvinainen puhelin.

Lopullisen päätöksen konkurssiasia sai, kun Tampereen raastuvanoikeus julisti tuomionsa konkurssista elokuun puolivälissä. Konkurssihakemuksen jättämisestä konkurssituomioon oli ehtinyt kulua yli viisi kuukautta.

Konkurssissa jäi työttömäksi joukko suutareita, joista K. W. Wallin perusti oman jalkinetehtaan ja -kaupan jo alkukesästä. Wallinin liike sijaitsi Kuninkaankadun ja Uudenkadun (nyk. Satakunnankatu) kulmassa samassa osoitteessa, jossa Grönforsin jalkineliike oli ollut vuosina 1890–1893. Wallin teki yhteistyötä konkurssipesän uskottujen miesten kanssa. Kun Grönforsin liikkeelle vielä velkaa olevia henkilöitä etsittiin konkurssin jälkeen, heitä pyydettiin syyskuussa julkaistussa lehti-ilmoituksessa ilmoittautumaan Wallinin liikkeeseen.

Robert muutti konkurssin jälkeen perheineen keskikaupungilta vaatimattomampiin oloihin Amurin työläiskaupunginosaan, jossa hän jatkoi suutarin töitä. Uusi osoite oli Toinen Amurinkatu 16, joka sijaitsi keskikaupungilta katsoen työläiskaupunginosan takana. Paikka ei varmastikaan ollut suutarinliikkeen pitämistä ajatellen entisten keskikaupungin liikehuoneistojen veroinen.

Viereisen sivun kartta antaa kuvan Robertin tähänastisesta työuran kehityksestä, joka alkoi Pellavatehtaan (1) työntekijänä vuosina 1865–1884. Jalkinevalmistus alkoi Amurin työläiskaupunginosassa (2–5) eri osoitteissa sijainneista suutarinliikkeistä 1887–1890. Jalkineliikkeen kulta-aikoina se toimi keskikaupungilla (6–8) vuosina 1890–1897. Jalkineliikkeen konkurssin jälkeen Robert muutti Amurin laitamille (9), jonne laajamittainen yritystoiminta näyttää päättyneen. Keski-ikäinen Robert oli ehtinyt olla Pellavatehtaalla töissä lähes kaksikymmentä vuotta ja pitää jalkineliikettä yli kymmenen vuoden ajan.

Viereisen sivun kartan pohja kuvaa kaupunkia vuonna 1889. Numeroilla merkityt osoitteet ovat vain suuntaa antavasti oikeilla paikoillaan. Kartalla näkyy myös monia Robertin elämänkerrallisessa kirjoituksessa (Liite 3) mainittuja paikkoja.

Näsi järvi
Särkänsaari
Myllysaari
Viinapolttimo
Kortelahti
Olvitehdas
Liinaleht. koulu
Pumpulitehtaan katu
Uusi katu
Mustalahden tori
Maantie Turusta
Hautausmaa
Kauppa katu
Kauppa tori
Hämeen katu
Hallituskatu
Rantakatu
Pyynikeen tori
Pyynikelle
Laukon tori
Nalkalan tori
Kortelahden katu
Mustalahden katu
Läntinen katu
Kalkkiruukki
Lasiruukki
Ratina
Pyhä järvi
A Kirkkoja. B Kansakoulu. C Realikoulu. D Sairashuone. E Raastuvan asema. F Jauhomylly.
G Kylpylaitos. H Kruunun makasiini. I Pumpulitehdas. K Maasuuni. L Liinatehdas.
M Paperipruukki. N Verkatehdas. O Värjäystehdas. P Villatehdas. Q Kattohuopatehdas.
R Posti ja Telegrafi. S Pumpulitehtaan rukoushuone. T Asyli. U Lastenkoto. V Vankihuone.

Amurin kaupunginosa oli perustettu 1800-luvulla helpottamaan kaupungin työläisväestön asuntopulaa ja se oli kasvanut voimakkaasti vuosisadan viimeisinä vuosikymmeninä. Kaupunginosassa oli jo lähes 5000 asukasta Robertin perheen muuttaessa sinne. Suuri osa heistä työskenteli Finlaysonin tehtaalla, joka rakennutti Amuriin suuren määrän asuntoja työntekijöilleen.

Amurin asunnot olivat melko pieniä ja niissä oli tyypillisesti yhteiskeittiöt, joita oli yksi jopa viittä huonetta kohden. Asukasmäärä oli kasvanut 1800-lopulla voimakkaasti ja Amurissa asuttiinkin varsin tiiviisti. Yhteiskeittiöt olivat sikäli ongelmallisia, että ne levittivät sairauksia hygienian ollessa huono. Tautiriskiä lisäsi entisestään Amurin kostea maaperä, joka johtui alueella olleesta suuresta suosta. Alueen pohjavesikään ei monesti ollut puhdasta, minkä vuoksi juomavettä jouduttiin tuomaan kauempaa. Ongelmia aiheutti myös jätevesi, joka ajautui usein Tampereen kaivoihin. Vuonna 1898 rakennettu vesijohto ei

Alex Tammelander / Vapriikin kuva-arkisto

Amurin työläiskaupunginosassa asuttiin tiiviisti puutaloasunnoissa.

sekään tuonut ratkaisua tautien leviämiseen, koska vesi otettiin johtoihin suoraan Näsijärvestä ilman hiekkasuodattimia. Puutteistaan huolimatta Amuri oli monelle kaupungin työväestöön kuuluvalle paikka, jossa työnantaja tarjosi asunnon ja josta oli mahdollista ponnistaa kohti parempia elinoloja tehdastyön tarjoaman säännöllisen toimeentulon turvin.

Keskikaupungin vauraampiin asuinoloihin tottuneelle Robertille Amurin laitamille ollut asunto ei todennäköisesti ollut onnen täyttymys, vaan pikemminkin konkurssin jälkeisen elämäntilanteen sanelema välttämättömyys. Lestadiolaisen kristillisyyden omakohtaiseksi tunteneelle miehelle asioiden tila todennäköisesti näyttäytyi hänelle annettuna koettelemuksena, jota ei ollut syytä sivuuttaa olan kohautuksella. Se tosiasia, että kristillisyys oli jäänyt kiireisten liike-elämän vuosien aikana Robertille etäiseksi, aiheutti hädän Robertin sielussa. *"Kyyneleet kostuttavat silmäni, käsi vapisee, sydämeni on täynnä murhetta"*, hän kirjoittaa vuonna 1898 Aatu Laitiselle lähettämässään kirjeessä (Liite 2).

Robertin koettelemukset eivät loppuneet vielä tähän. Amuria kiusanneet kulkutaudit verottivat osansa myös tästä perheestä. Robertin vaimo Johanna sairastui tuberkuloosiin, joka oli tuohon aikaan yleinen tauti Suomessa. Keuhkotautina tunnettu tuberkuloosi levisi ilmateitse, mikä teki siitä helposti leviävät erityisesti Amurin kaltaisissa tiiviisti asutuissa kaupunginosissa, joissa keittiöt, käymälät, pyykkituvat ja saunat olivat yhteisiä. Keuhkotautiin kuoli tuohon aikaan Tampereella satoja ihmisiä vuosittain. Johannasta tuli yksi keuhkotaudin hautaan vieneistä suomalaisista, kun hän menehtyi sairauteensa 56-vuotiaana 8.9.1901.

Robert oli nyt 50-vuotias leski, jolla oli kaksi lasta, 19-vuotias Karl ja 13-vuotias Johanna.

7. Uusi aika

Lestadiolaista herätysliikettä kohtasi noina aikoina suuri ja raskas muutos. Uudenheräyksen ajatukset olivat levinneet Lapista kohti Etelä-Suomea 1800-luvun viimeisinä vuosina. Nämä ajatukset eivät kuitenkaan miellyttäneet kaikkia ja uudenheräyksen vastapainoksi muodostui vanhollislestadiolaisuus, joka sai suuren kannatuksen erityisesti Pohjanmaalla. Tämä liikehdintä näkyi myös Tampereella, jossa osa lestadiolaisista kaipasi herätysliikettä sellaisena kuin se oli ollut liikkeen levitessä Tampereelle 1880-luvun alussa. Robert oli todennäköisesti yksi niistä, jotka kaipasivat entisen kaltaista kristillisyyttä, sillä hän oli ollut mukana järjestämässä Tampereen ensimmäisiä lestadiolaisseuroja ja saanut seuraavien seurojen yhteydessä rauhan tunnolleen. Tuo rauha oli vielä muistissa, vaikka monta rauhaa häiritsevää asiaa olikin tunnolle taas kertynyt.

Pohjois-Ruotsissa töissä olleet tamperelaiset kirjoittivat kotipaikkakunnalleen siitä kristillisyydestä, jonka olivat kohdanneet Jällivaarassa ja jonka olivat kokeneet sellaiseksi, jollainen lestadiolaisuus oli Tampereellakin alkujaan ollut. Tieto asiasta levisi ja Pohjois-Ruotsin saarnaajia päätettiin pyytää Etelä-Suomeen saarnamatkalle. Matka toteutui maalis-huhtikuussa 1902. Lapista lähetetyt Samuel Wettasjärvi ja Viktor Appelqvist kävivät useilla paikkakunnilla Etelä-Suomessa. Tampere oli vuorossa huhtikuun viimeisenä viikonloppuna. On selvää, että myös Robert osallistui näihin seuroihin, joiden vaikutus oli se, että Suomeen muodostui uudenheräyksen ja vanhoillislestadiolaisuuden lisäksi esikoislestadiolainen uskonyhteisö. Entinen yhtenäinen lestadiolaisuus oli jakaantunut kolmeen osaan, mikä aiheutti suurta surua monissa kristityissä. Ristiriidat olivat kuitenkin niin merkittäviä, että tämä jakaantuminen jäi pysyväksi.

Toinen merkittävä tapahtuma osui Robertin elämään samalle vuodelle, kun hän avioitui 21.9.1902 Johanna Nikulan kanssa. Sekä Robertin ensimmäisen että toisen vaimon nimi oli siis Johanna. Hänen edellisen vaimonsa kuolemasta oli ehtinyt kulua vain pari viikkoa yli vuosi ennen toisen avioliiton solmimista. Voidaankin olettaa, että uusi aviopari oli tuntenut toisensa lestadiolaisyhteisön kautta jo aiemmin.

13 vuotta Robertia nuorempi vuonna 1864 syntynyt Johanna Nikula oli leski kuten Robertkin. Hän oli omaa sukua Torkki ja syntyisin Huittisista. Perimätiedon mukaan Huittisissa oleva Torkinmäki on ollut vanha seurapaikka, jossa seuroja on pidetty Torkin talon torpissa. Olisi yllättävä sattuma, jos Johanna ei olisi saanut kosketusta lestadiolaisuuteen syntymäseudullaan, jonne lestadiolaisuus saapui vuonna 1879 Yli-Färkin talossa puunostomatkalla olleen Kaarle Wilénin välityksellä. Tämän jälkeen paikkakunnalla vaikutti vuodesta 1880 alkaen Oskar Riikonen, jonka pitämissä seuroissa kerrotaan olleen runsas kuulijakunta.

Vuonna 1882 Johanna avioitui Pyhäjärvellä syntyneen satulaseppä Juho Nikulan kanssa. Nikula oli asunut pidemmän aikaa Iisalmella, jonne lestadiolaisuus oli jo tuolloin saapunut ja muuttanut sieltä vuonna 1881 Uuteenkaupunkiin. Johanna ja Juho ovat saattaneet olla lestadiolaisia jo avioliittonsa alussa. Tampereelle pariskunta muutti vuonna 1886, jonka jälkeen ilmeisesti Juhon työ vei heitä eri paikkakunnille. He saivat seitsemän lasta, joista kolme syntyi Tampereella ja muut Pirkkalassa, Jomalassa, Tyrväällä ja Ikaalisissa. Juhon kuollessa 1897 keuhkotautiin he asuivat Ikaalisissa, josta Johanna muutti pian Tampereelle.

Johannan ja Robertin avioituessa Johannan lapsista vanhin oli 18-vuotias ja muut neljä vielä elossa olevaa 5–12-vuotiaita. Perheen ensimmäinen yhteinen asunto oli todennäköisesti Läntisellä Pitkäkadulla (nyk. Näsilinnankatu), jonne Robertin suutarinliike oli muuttanut juuri ennen avioliiton solmimista. Muuton syynä lienee ollut tarve saada uudelle perheelle riittävän suuri asunto.

Tampereen Uutiset 4.9.1902

Olen muuttanut
Läntinen pitkäk. N:o 18 R. A. Grönfors.
Suutari.
Sisäänkäynti pihanpuolelta.

Aamulehti 9.6.1903

Jalkineittentekiiä saa heti työtä Satakunnankatu 23. R. A. Grönfors.

Aamulehti 19.1.1904

Saan kunnian ilmoittaa, että olen muuttanut rouva Lans'in taloon Kuninkaank. 41. Jossa otan vastaan uutta ja vanhaa työtä.
R. A. Grönfors.

Aamulehti 5.6.1904

Jalkineliikkeeni olen muuttanut Kuninkaank. 36. R. A. Grönfors.

Aamulehti 19.8.1904

Suutari, ahkera vanhan korjauksessa, pääsisi palkalle luonani R. A. Grönfors. Kuninkaank. 36.

Kansan Lehti 18.9.1906

2 jalkinetyöntekijää saa oitis ansiollista työtä R. A. Grönfors, Kuninkaankatu 36.

Aamulehti 4.6.1907

Jalkineliikkeeni olen muuttanut Puutarhak. 42. Huom.! Työt kannetaan kotiin. R. A. Grönfors. 2712

Grönforsin liikkeen ilmoituksia oli paikallisissa lehdissä 1900-luvun alkuvuosina satunnaisesti. Ilmoitukset olivat pieniä ja koskivat liikkeen muuttoa tai avoimia työpaikkoja. Varsinaisia mainoksia ei lehdissä enää ollut.

Vuonna 1903 saapui jälleen saarnaajia Ruotsin Lapista. Tällä kerralla matkalla olivat Isak Niku ja Isak Kuoksu, jotka pitivät seuroja Etelä-Suomen paikkakunnilla hieman edellisvuotista lähetysmatkaa laajemmin. Matka ajoittui tälläkin kerralla kevättalveen ja alkukevääseen, ja Tampere oli vuorossa viimeisten paikkakuntien joukossa huhtikuun loppupuolella. Näiden seurojen keskeisenä kysymyksenä on muisteltu olleen seurakunnallinen järjestäytyminen ja lähetystyön järjestäminen Suomen esikoislestadiolaisuudessa. Yhtenäisen lestadiolaisuuden hajaantuminen kolmeen ryhmään oli tuore asia ja Ruotsin Lappi oli tuon ajan kulkuyhteydet huomioiden kaukana. Ei voitu ajatella, että saarnaajat tulisivat Lapista joka vuosi Etelä-Suomeen. Toimiva ratkaisu ei ollut myöskään se, että yksittäiset kristityt turvautuivat uskonasioissaan suoraan Lapin saarnaajiin. Tarvittiin seurakunnallinen järjestys, jossa Etelä-Suomessa on omat lähetystoimesta vastuussa olevat saarnaajat, joihin kristityillä on luottamus. Tampereella pidetyistä seuroista on muisteltu, että Niku ja Kuoksu ovat niiden aikana valaneet luottamusta heidän mukanaan kulkeneisiin lahtelaisiin saarnaajiin Niklas Miléniin ja Juho Ahoseen.

Grönforsit olivat tuohon aikaan osa esikoislestadiolaista uskonyhteisöä. Heidän nimensä löytyy useista tuon ajan esikoislestadiolaisuudessa lähetetyistä kirjeistä joko lähettäjien tai terveisten lähettäjien joukosta. Esimerkiksi vuoden 1903 syksyllä Tampereelta Ruotsin Lappiin lähetetyssä kirjeessä on lähettäjien joukossa *"Grönfors vaimonsa ja lastensa kanssa"*.

Tampereen esikoislestadiolaisuus oli vuonna 1903 yli sadan hengen suuruinen seurakunta, joka koostui pääasiassa kaupungin käsityöläisistä ja työntekijöistä. Moni tähän yhteisöön kuuluneista oli töissä kaupungin lukuisissa tehtaissa, mutta joukkoon mahtui myös monia käsityöammatteja harjoittaneita yksityisyrittäjiä, kuten räätäleitä, suutareita, puuseppiä ja nuohoojia. Tuolta ajalta on Tampereelta tiedossa

Ruotsin Lapin saarnaajista Isak Kuoksu (vas.) vieraili Robert Grönforsin elinaikana Tampereella ainakin seitsemän kertaa. Isak Niku (oik.) oli hänen kumppaninaan näistä kaikilla viimeistä lukuun ottamatta.

reilut 80 esikoislestadiolaiseen seurakuntaan kuulunutta henkilöä, joiden perheissä oli lähes 60 lasta. Kyseessä ei siis ollut aivan pieni joukko, minkä vuoksi vakiintuneen seuratoiminnan järjestäminen ja säännöllinen yhteydenpito muuhun esikoislestadiolaisuuteen tuli varmasti tarpeeseen. Yhteydenpidossa Tampereen rooli olikin 1900-luvun alkuvuosina keskeinen erityisesti Ruotsin Lappiin suuntautuvan kirjeenvaihtoa osalta.

Johannan ja Robertin perhe kasvoi kolmella yhteisellä lapsella, joista Lauri syntyi 1903, Lea 1905 ja Leo 1906. Esikoislestadiolaisen uskonyhteisön tiiviyttä kuvaa hyvin se, että Grönforsien kaikkien yhteisten lasten kaikki kummit kuuluivat uskonyhteisöön. Tapa pyytää kummeiksi nimenomaan uskonystäviä näyttää yleistyneen juuri noihin aikoihin. 1800-luvun puolella kummeina oli tyypillisesti naapureita tai sukulaisia, jotka ovat todennäköisesti olleet helpoimmin saatavilla lasta kastettaessa. Esikoislestadiolaisuudessa kummin rooli koettiin merkittävänä ja tähän tehtävään haluttiin pyytää erityisesti sellaisia henkilöitä, joiden nähtiin olevan soveliaita tukemaan lapsen kristillistä kasvatusta. Tämä tapa on säilynyt meidän päiviimme asti.

Palokunnassa töissä ollut Robertin vanhin lapsi Karl kuoli 23-vuotiaana vuonna 1905. Perheen kooksi vakiintui useiksi vuosiksi 11 henkeä sen jälkeen, kun se oli kohdannut sekä syntymää että kuolemaa 1900-luvun alkuvuosina. Tuohon aikaan tämän kokoinen perhe oli varsin tavallinen. Lapsia oli tyypillisesti huomattavasti enemmän kuin nykyään, mutta vastaavasti lapsikuolleisuuskin oli korkea. Robertin lapsistakin kaksi oli kuollut ensimmäisten ikävuosiensa aikana. Kun Karl nyt kuoli nuorena aikuisena, Robertin ensimmäisessä avioliitossaan syntyneistä lapsista vain yksi oli enää elossa. Robertin ja Johannan perheeseen kuului tässä vaiheessa kirkonkirjojen mukaan seuraavat lapset.

Robertin ensimmäisestä avioliitosta:

Johanna Eufrosyne	s. 2.7.1888 Tampereella

Johannan ensimmäisestä avioliitosta:

Selma Lempi Rauha	s. 16.1.1884 Jomalassa
Johannes	s. 3.5.1890 Tyrväällä
Kaarle Samuel	s. 28.1.1892 Tampereella
Ilona Ireene	s. 20.4.1895 Ikaalisissa
Arvo Nikolai	s. 21.6.1897 Tampereella

Johannan ja Robertin yhteiset lapset:

Lauri Levi	s. 24.9.1903 Tampereella
Lea Lyyli	s. 7.4.1905 Tampereella
Leo Lepo	s. 11.6.1906 Tampereella

Amurin työläismuseossa on 1900-luvun alkuvuosien asussa oleva suutarinverstas. Robert Grönforsin suutarinverstas on todennäköisesti ollut samankaltainen.

Robertin suutarinliike sijaitsi 1900-luvun alkuvuosina Tampereen keskustan alueella ja osoite vaihtui melko usein. Ei ole täyttä varmuutta, asuiko perhe näissä osoitteissa, vai oliko niissä pelkkä suutarinliike. Vuonna 1908 Tampereen osoite- ja ilmoituskalenterissa perheen osoitteeksi on mainittu Amurissa sijaitseva Niemikatu 23. Naapurustossa asui tuohon aikaan useita esikoislestadiolaisia. Esimerkiksi nuohooja Antti Halonen omisti läheisellä Saarikadulla kaksi taloa, joissa asui hänen perheensä lisäksi useita esikoislestadiolaisia vuokralla. Ympärillä olevat uskonystävät olivat varmasti osa monilapsisen perheen turvaverkostoa.

Lasten aikuistuessa perheen koko alkoi pienenemään. Vuonna 1908 Johannan lapsista vanhin, Lempi muutti Helsinkiin. Seuraavaksi

Helsinkiin muutti vuonna 1911 Robertin tytär Johanna, joka suomensi nimekseen Viheriäkoski. Vuosikymmenen puolivälissä muutti ensin Ilona äitinsä syntymäpaikkakunnalle Huittisiin 1915 ja sen jälkeen Arvo Helsinkiin 1916. Samana vuonna Kaarle avioitui Elma Maria Syväsen kanssa. Pariskunta jäi asumaan Tampereelle. Tämän jälkeen Johannan ja Robertin kohdalle kirkonkirjaan jäi enää heidän kolme yhteistä lastaan ja Johannan poika Johannes. Siitä ei ole tietoa, asuiko Johannes enää kotona tuohon aikaan. 38-vuotiaana lapsettomana kuolleen Johanneksen kuolinilmoituksen sanat *"kauan kärsit, paljon kestit, vihdoin rauhan saavutit"* saattavat viitata pidempiaikaisiin terveyshuoliin.

1910-luvulta Robertin ja Johannan elämästä on säilynyt hyvin vähän tietoa. Kirkonkirjamerkinnät rajoittuvat lasten muuttoihin, lehti-ilmoituksia ei juurikaan löydy, eikä osoitetietojakaan ole Tampereen osoitekalenterissa. Näyttää siltä, että Robert ei harjoittanut enää suutarin ammattia ainakaan merkittävissä määrin. Vuonna 1908 hän oli hakenut liikennekonttorin vaakamestarin apulaisen virkaa, mutta ei ollut tullut valituksi. Myöhemmin hänen tiedetään toimineen Messukylässä sijainneen ruutikellarin vartijana, mutta siitä ei ole säilynyt tarkkaa tietoa, milloin hän on aloittanut tässä tehtävässä. Messukylään perhe muutti ilmeisesti vasta vuonna 1920.

Jo vuonna 1906 esikoislestadiolaiset, joihin Robert perheineen kuului, olivat saaneet ensimmäisen oman rukoushuoneen Tampereella. Rukoushuone sijaitsi Nalkalan kaupunginosassa osoitteessa Hallituskatu 16. Kyseessä oli sisäpihan kivirakennuksen toisessa kerroksessa oleva vuokratila, johon kuului keittiö ja kohtalaisen tilava sali. Pysyvämmän kokouspaikan löytyminen kasvavalle seurakunnalle on varmasti ollut mieluinen asia myös Grönforseille. Vaikka Robertin omaa kuvausta asiasta ei olekaan säilynyt, voimme arvata perheen tunteneen iloa noustessaan rukoushuonetiloihin ulko-ovelta johtaneita suoria portaita kuullen uskonystävien puheensorinan rukoushuonesalista. Tuon ajan tavan mukaan miehet ja naiset istuivat seuroissa eri puolella salia, eivätkä Robert ja Johannakaan todennäköisesti istuneet seuroissa vierekkäin. Seurojen jälkeen vietetyt kahvihetket ja mahdollisuus kohdata kauempaa tulleita vieraita isompien seuratilaisuuksien yhteydessä, ovat varmasti olleet tärkeitä Grönforsin perheelle.

Tiiviistä yhteydestä 1910-luvun lestadiolaisyhteisöön kertoo sekin, että Johanna ja Robert olivat tuolla vuosikymmenellä kummeina ainakin kolmelle esikoislestadiolaisen perheen lapselle. Robert oli tuolloin jo yli 60-vuotias ja näin ollen varsin iäkäs kummin tehtävään. Grönforsit olivat selvästi yhteisön arvostettuja jäseniä, joihin haluttiin luottaa vastuulliseksi koetussa kummin tehtävässä, vaikka ikää jo hieman olikin.

Oskar Sundberg / Vapriikin kuva-arkisto

Tampereen taistelun karut jäljet näkyivät kaikkialla Tampereen keskustassa. Kuva on Hämeenkadun ja Pellavatehtaankadun risteyksestä.

Emme tiedä varmuudella, missä Robert ja Johanna olivat vuoden 1918 Tampereen taistelun aikana. On mahdollista, että he olivat niiden noin 80 esikoislestadiolaisen joukossa, jotka hakivat turvaa Hallituskadun rukoushuoneelta. Tuo joukko vietti rukoushuoneella kaksi jännityksen täyteistä viikkoa. Vaikka tuona aikana koettiin monia tukalia tilanteita, ei mitään vakavampaa tapahtunut. Miehet onnistuivat piiloutumaan rakennuksen vintille punakaartilaisten tulleessa hakemaan miehiä taisteluun, ja muistitiedon mukaan luodeista rikkoutunut salin ikkunakaan ei aiheuttanut henkilövahinkoja. Ainoaksi esikoislestadiolaisten joukon kokemaksi henkilövahingoksi jäi erään pojan kaupungilla käydessään jalkaansa saama luoti. Taistelun voittaneet valkoiset otettiin ilolla vastaan.

8. Vireä vanhuus

Aamulehdessä oli 18.8.1921 Henkilötietoja-palstalla lyhyt ilmoitus, jossa luki, että *"70 vuotta täyttää tänään ruutikellarin hoitaja R. A. Grönfors Messukylässä"*. Robertin kiireiset yrittäjävuodet olivat takana päin ja ikääntyvälle miehelle sopiva työ oli löytynyt. Ympyrä oli nyt sulkeutunut ja Robert asui taas syntymäpaikkakunnallaan Messukylässä. Muutto toiselle paikkakunnalle ei tosin ollut valtavan pitkä, sillä Vuohenojalla sijainnut ruutikellari oli vain 4-5 kilometrin päässä Tampereen keskustasta.

Messukylä oli 1920-luvulla muutaman tuhannen asukkaan maaseutumainen paikkakunta, jonka pelloilla viljeltiin paljon pellavaa. Pellavan käsittely tapahtui Tampellan pellavanliotuslaitoksessa, jonka vieressä olevassa pienessä lammessa pellavat liotettiin. Lammen yläpuolella rinteessä oli komea punainen työväentalo ja mäen harjalla vuonna 1879 valmistunut punatiilinen kirkko. Vanha kirkko, josta Robertilla oli nuoruusvuosilta karvaita muistoja, oli jäänyt vähälle käytölle. Kirkon edestä kulki Tampereelta Kangasalle ja sitä kautta Lahteen vievä maantie, joka ei tuolloin ollut vielä päällystetty. Kuntakeskuksen liikenneyhteyksiä paransi myös rautatie, joka kulki kirkon läheltä. Tällä kohdalla sijaitsi Kyläojan pysäkki, joka myöhemmin ylennettiin Messukylän asemaksi.

Vuohenoja, jossa Robertin työpaikkana toimiva ruutikellari sijaitsi, oli Messukylän kirkolta Tampereen suuntaan. Rautatie kulki myös Vuohenojan ohi ja niillä kohdille perustettiinkin vuonna 1931 Vuohenojan seisake. Juna oli toimiva joukkoliikenneväline aikana, jona tiet olivat huonoja ja autoja ani harvalla. Rautateiden varteen muodostui asutusta ja junat pysähtyivät monessa paikassa. Liikkuminen oli aiempaa helpompaa juuri itsenäistyneessä Suomessa. Tämä helppous avasi mahdollisuuksia myös Robertille.

Tampellan kokoelma / Vapriikin kuva-arkisto

1920-luvun Messukylää. Yläkuvassa pellavan liotusta Tampellan viereisessä lammessa. Alakuvassa Messukylän uuden kirkon edustaa.

Vapriikin kuva-arkisto

Esikoislestadiolaisuus oli kasvanut ja seuratoiminta alkoi vähitellen vakiintua. Uskonyhteisössä alkoi muodostua tapa vierailla toisilla paikkakunnilla järjestettävissä isoissa seuroissa tapaamassa tuttavia ja kuulemassa saarnattua Jumalan sanaa. Erityisesti juhannuksena ja mikkelinpäivänä järjestettävät valtakunnalliset seurat keräsivät suuria kuulijajoukkoja. Robert kuului valtakunnallisissa seuroissa vieraileviin seuravieraisiin useiden vuosien ajan. Erityistä hänen vierailuissaan toisille paikkakunnille oli se, että hän kirjoitti kokemuksistaan kuvauksia ja lähetti niitä Aamulehteen. Tuon ajan lehdistö suhtautui asiaan siinä mielessä myönteisesti, että ainakin osa seurakuvauksista julkaistiin lehdessä, minkä vuoksi nämä mielenkiintoiset kirjoitukset ovat säilyneet meidän luettaviksemme. Aivan joka kerta näin ei kuitenkaan käynyt. Aamulehdessä 22.8.1926 on lehden toimituksen ilmoitus, jossa sanotaan, että lehti ei julkaise Grönforsin kirjoitusta, koska hän on uhannut lähettää sen toiseen lehteen. Tiedossa olevat Robert Grönforsin seurakuvaukset ovat tämän julkaisun liitteessä 4.

Ensimmäinen Robertin seurakuvauksista koskee vuoden 1919 juhannusseuroja, jotka järjestettiin Lahdessa, jossa järjestettävillä juhannusseuroilla on nykyään pitkät perinteet. Seurapaikkana toimi Lahden kirkko, joka oli Lahden silloista Vuorikadulla sijainnutta rukoushuonetta tilavampi paikka näin suurten seurojen järjestämiseen.

Vuoden 1921 seurat, joihin Robert osallistui Porissa, olivat merkittävä tapahtuma esikoislestadiolaisuudessa. Porin juhannusseurojen yhteydessä tehtiin päätön *Vanha Laestadiolais-kristillinen yhdistys ry* -nimisen yhdistyksen perustamisesta. Robert pääsi nyt seuraamaan aitiopaikalta sitä, kuinka hänen niin palavasti kaipaamansa kristillisyys muodostui yhdistysmuotoiseksi seurakunnaksi. Nuo juhannusseurat olivat varmasti mieleenpainuvat miehelle, joka oli ollut järjestämässä ensimmäisiä lestadiolaisseuroja Tampereella.

Seuraava Aamulehdessä julkaistu Robertin kirjoitus on helmikuulta 1923, jolloin hän osallistui tunnetun saarnaajan Juho Ihalaisen hautajaisiin Helsingissä. Juho Ihalainen oli Johannalle ja Robertille tuttu mies muutenkin kuin esikoislestadiolaisena saarnaajana. Johannan poika Arvo Nikula oli nimittäin joitain vuosia aiemmin avioitunut Ihalaisen tyttären Agathan kanssa.

Noihin aikoihin Tampereen esikoislestadiolaiset saivat oman rukoushuoneen. Kyseessä oli Nekalan kaupunginosaan vuonna 1923 talkootyönä pystytetty rakennus, joka oli ollut alkujaan huvilana Terijoella. Talo oli purettu ja kuljetettu rautateitse Tampereelle, jossa se sai nyt uuden elämän esikoislestadiolaisten rukoushuoneena. Rukoushuone rakennettiin melko lähelle paikkaa, jossa Robertin lapsuudenkoti, Spinnin torppa, oli sijainnut. Alue oli liitetty Tampereeseen vuonna 1920 ja uusi rukoushuone oli edelliseen keskustassa olleeseen huoneistoon verrattuna syrjäisellä paikalla. Talo oli kuitenkin oma ja pääsy vuokratiloista omaan rukoushuoneeseen oli varmasti mieluinen asia niin Robertille kuin muillekin Tampereen esikoislestadiolaisille.

Koska kyseessä oli uudelleen pystytetty vanha rakennus, oli sen mukavuuksissa puutteita jo tuon ajan mittapuulla ajatellen. Tämän vuoksi taloon tehtiin parannuksia jo 1920-luvun puolivälissä. Lämmitysjärjestelmän ja lämmöneristyksen parantaminen sekä vesi- ja viemäriverkostoon liittyminen ovat varmasti parantaneet uuden rukoushuoneen käyttömukavuutta merkittävästi.

Seurakäytäntö oli uudessa rukoushuoneessa samanlainen kuin edellisessä Hallituskadulla sijainneessa rukoushuoneessakin. Miehet istuivat edestä katsoen salin vasemmalla puolella ja naiset oikealla. Kahvia tarjottiin aina seurojen yhteydessä. Tilat olivat kuitenkin sen verran pienet, että esikoislestadiolaisuudessa myöhemmin käytössä ollutta tapaa yhteisestä ruokailuista isojen seurojen yhteydessä ei voitu noudattaa.

Seuraavaa Robertin kirjoittamaa seurakuvausta jouduttiin odottamaan vuoteen 1926, jolloin niitä julkaistiin kaksi kappaletta. Koska samalta vuodelta löytyy vielä lehden toimituksen ilmoitus julkaisemattomasta kirjoituksesta, on 75-vuotias Robert matkustellut vielä tuolloin varsin ahkerasti.

Vuoden 1926 seurakuvauksista ensimmäinen koskee juhannusseuroja Lahden uudessa suuressa rukoushuoneessa. Tilat olivat tuon ajan mittapuun mukaan hyvät ja tilavat, ja Robert saattoikin kertoa lehtikirjoituksessaan tuhatlukuiseksi nousseesta seuraväestä. Saman vuoden mikkelinpäivänä Robert oli seuroissa Viipurissa, jossa oli tuohon aikaan vireä esikoislestadiolainen kristillisyys.

Vapriikin kuva-arkisto

Johannan ja Robertin molemmat pojat toimivat 1920-luvulla linja-auton kuljettajina Messukylässä.

Aamulehdessä julkaistuilla seurakuvauksillaan Robert tuli aloittaneeksi meidän päiviimme jatkuneen perinteen. Hänen kirjoittamansa kuvaukset ovat tiettävästi ensimmäisiä tämän tyyppisiä seurakuvauksia. Viimeisiksi ne eivät kuitenkaan jääneet, sillä yhä nykyäänkin esikoislestadiolaisuuden piirissä on tapana julkaista hyvin samankaltaisia kuvauksia valtakunnallisista seuroista.

Seurakuvausten lisäksi Robert kirjoitti muutakin. Vuonna 1925 ilmestyi hänen kirjoittamansa elämäkerrallinen kuvaus, joka keskittyy lestadiolaiskristillisyyden alkuvaiheisiin Tampereella ja Robertin omiin kokemuksiin kristillisyydestä. 16-sivuisena vihkosena julkaistu kirjoitus painettiin ilmeisesti Robertin omalla kustannuksella, mutta voimme olettaa uskonystävien kannustaneen häntä kirjoittamaan varmasti monesti kerrotun tarinan muistiin jälkipolvia varten. Tämän julkaisun liitteenä olevasta kirjoituksesta saa hyvän kuvan siitä, mikä ikääntyvälle Robertille oli tärkein asia elämässä.

Viimeinen sanomalehdistä löytyvä tieto Robertista on Aamulehdestä 18.8.1928, jolloin hän täytti 77 vuotta. Lyhyessä perhepalstan ilmoituksessa hänet mainitaan edelleen ruutivaraston hoitajaksi. Näyttääkin siltä, että Robert toimi tässä tehtävässä niin pitkään kuin terveys salli.

Tuohon aikaan perheen kaikki lapset olivat jo aikuisia ja moni heistä oli perustanut oman perheen. Johannan ja Robertin yhteisistä lapsista vanhin, Lauri, työskenteli lehtitietojen mukaan autonkuljettajana Tampereen seudulla vuonna 1926, minkä jälkeen hän muutti Amerikkaan ja kihlautui Turun Sanomissa julkaistun lehti-ilmoituksen perusteella Vehmaalta kotoisin olevan Lyyli Lehtosen kanssa Torontossa 24.9.1928. He ovat siis ilmeisesti olleet siirtolaisena Kanadassa jo tuolloin ja mahdollisesti tavanneet uudessa kotimaassaan. Myös hänen sisarensa Lea muutti jossain vaiheessa Amerikkaan ja perusti siellä perheen. Lapsista nuori, Leo, toimi veljensä Laurin Amerikkaan muuton jälkeen linja-autokuljettajana Messukylän ja Tampereen välillä.

Robert sai elää pitkän ja vaiherikkaan elämän. Syksyllä 1934 hän kuoli 83-vuotiaana. Kirkonkirjoihin kuolinsyyksi on merkitty vanhuus ja hänen ammatikseen ruutivaraston hoitaja.

Aamulehdessä julkaistussa kuolinilmoituksessa on ensimmäisenä Robertin leski Johanna, jonka jälkeen tulevat Robertin neljä tuolloin elossa ollutta lasta ikäjärjestyksessä ja viimeisenä Johannan lapset ensimmäisestä avioliitosta.

Viimeisen leposijansa Robert sai Messukylän hautausmaalla olevan valkoisen ruumishuoneen läheltä. Kyseessä oli yksittäinen hautapaikka, eikä siitä muodostunut sukuhautaa, johon olisi haudattu myöhemmin muita perheenjäseniä. Johanna muutti myöhemmin Helsinkiin, missä hän kuoli 90-vuotiaana vuonna 1953.

Robert oli nyt poissa, mutta hänen muistonsa jäi eloon. Muisto, joka välittyy erityisesti yhdeksän vuotta ennen hänen kuolemaansa julkaistussa elämänkerrallisessa kirjoituksessa. Tuon kirjoituksen hän kirjoitti omien sanojensa mukaan *"vanhalla vapisevalla kädelläni ja hyvästä tarkoituksesta Jumalan Pyhän Hengen avulla – että jälkeen jääneet lapseni saavat tätä lukea, kun isää ei enää ole olemassa ja heille puhumassa"*. Ilman tätä Robertin omaa kirjoitusta, joka on yhä meidän luettavissamme, hänen tarinansa ei olisi säilynyt meille. Monien elämänvaiheiden miehen omat sanat herättävät ajatuksia ja puhuttelevat nykyäänkin lukijaa, joka vaivautuu paneutumaan hänen sanoihinsa ja pohtimaan elämän menoa niiden rinnalla. Robertin muisto elää.

Aamulehti 23.10.1934

Rakas mieheni ja isämme

Robert Aleksander Grönfors

synt. 18. 8. 1851 Tampereella,
kuoli 18. 10. 1934 Tampereella.

Johanna Grönfors, o.s. Torkki.
Hanna Wiheriäkoski.
Lauri ja Lyyli perheineen, Amerikassa.
Lea ja Waltter Ribarits, Amerikassa.
Leo ja Sirkka perheineen.
Lempi Seppi perheineen.
Ilona ja Antti Halla perheineen.
Arvo ja Agatha Nikula perh.

sekä muut sukulaiset ja ystävät.

Hautaus toimitetaan Messukylän hautausmaalla 28. 10. 1934 kello ½12, josta ainoastaan täten ilmoitetaan.

19693

Liite 1. Aatu Laitisen kirje Robert Grönforsille vuonna 1891

Vuonna 1891 Robert Grönfors lähetti Sanomia Siionista -lehteä toimittaneelle Aatu Laitiselle kirjeen, joka ei ole säilynyt meidän päiviimme. Laitinen vastasi Grönforsille ja muille tamperelaisille suunnatulla lehtensä numerossa 10/1891 julkaisulla kirjeellä.

Tamperelaisten kirje näyttää koskeneen suhdetta evankelisluterilaiseen kirkkoon. Laitisen vastauksen kiinnostavin kohta on hänen toinen perustelunsa sille, että hän kehottaa lestadiolaiskristityitä käymään kirkossa. Tuo perustelu sisältää myöhemminkin esitetyn ajatuksen siitä, että kirkon yhteydessä tulisi pysyä niin kauan kuin kirkko antaa sakramentit lestadiolaiskristityille. Tämän lisäksi Laitinen mainitsee papiston lestadiolaisia kohtaan esittämät moitteet, mikä saa ajattelemaan, että tällaista on saattanut tapahtua myös Tampereella. Robert on ehkä kirjoittanut asiasta Laitiselle lähettämässään kirjeessä ja kysynyt, kuinka tällaiseen tulisi suhtautua. Asiasta ei kuitenkaan ole varmuutta, koska siitä ei ole löytynyt mainintoja muista lähteistä.

Kirje Enontekiöltä 11/8 1891.

Rakkaalle weljelle Herrassa R. A. Grönfors ynnä muille Herran walituille Tampereella.

Armo ja rauha Herrassamme Jeesuksessa olkoon kanssamme. Kesken kiireen ja wäsyneenä paljosta kirjotuksesta, wastaan weljen rakkaasen kirjeesen eräillä sanoilla. Kirkossa käyntiä olen itseki ahkeroinut matkoilla ollessani, sillä niitä on pappeja, jotka ei solwaile kristityitä waan saarnaawat lyhyesti käsityksensä. Kahdesta syystä minä kehotan kristityitä äymään kirkossa. 1:ksi antaakseen esimerkin suruttomille, joilla on huonompaa aian wiettoa, kokoontumaan rukouspaikkoihin ja kussa edes Jumalan nimi mainitaan. On tapahtunut, että tunnon heräys on tullut myös pappein saarnoista, joka on kallis asia. Kristityn sopii mennä kirkkoon niinkuin publikaanin fariseuksen kanssa rukoilemaan itsensä ja muiden puolesta, kiittämään weisuulla Jumalaa ja nauttimaan pyhiä sakramenttejä. 2:ksi syy on se, että pysymme Ew. Luteerilaisessa opissa, emmekä erkane yhteisestä seurakunnasta niinkauwan, kun meille siinä annetaan pyhät sakramentit; waan jos ne kielletään, silloin täytyy meidän erota, emmekä enää silloin ole eriseura waikka erkanemme. Että eräät papit, surkeaa kyllä, saarnoissa solwailewat ja tuomitsewat kristityitä, ei ole eron syy, waan on waino; ja wainoa tulee kristityn kärsiä, kiittää myös Herraa, että on mahdollinen sitä Jeesuksen nimen tähden kärsimään; se on armo Jumalan edessä.

Elkäämme wäsykö rakkaat weljeni ja sisareni waiwoissa, jotka aina tulewat Jumalan ihmistä wastaan elämän kaidalla tiellä, siksi kun meitä päästetään kuolewaisesta synnin ruumiista. Rauha olkoon Herran Siionissa ja Jumalan Israelin päällä nyt ja ijankaikkisesti meidän wapahtajamme Jeesuksen Kristuksen kautta, jonka pyhässä weressä olemme puhdistetut kuoleman synneistä ja aina puhdistetaan köyhät matkamiehet synnin wioista. Muistakaa meitä rukouksissa kalliit weljeni ja sisareni armoistuimen edessä. Wähitellen kootaan Herran lauma Jumalan paratiisiin ja Herraa wastaan tuulihin, ja niin me aina Herran kanssa olemme ynnä kaikkein maasta ostettuin kanssa, jotka owat uskon kautta pestyt karitsan werellä. Terwehdän waimoni ja muiden kristittyin kanssa teitä sydämen rakkaudella; weljenne Herrassa.

A. Laitinen.

Liite 2. Robert Grönforsin kirje Aatu Laitiselle vuonna 1898

Varhaisin Robert Grönforsin julkaistuista kirjoituksista sijoittuu aikaan, jolloin hänen jalkineliikkeensä oli tehnyt konkurssin ja elämä koetteli keski-ikäistä miestä monin eri tavoin. Kirjeen hän on kirjoittanut Aatu Laitiselle, joka toimitti Sanomia Siionista -lehteä, jonka lehtiasiamiehenä Robert oli toiminut useita vuosia.

Robertin elämä oli ollut värikäs nuoruuden lankeamisineen ja kuritushuonevankivuosineen, joita oli seurannut useiksi vuosiksi menestyneeseen liike-elämään uppoutuminen. Viisitoista vuotta aiemmin sydämelle syttynyt lestadiolaiskristillisyys oli jäänyt liike-elämän jalkoihin, kuten Robert kirjeessään antaa ymmärtää, ja joka näkyy myös Grönforsin liikkeen lehti-ilmoituksissa 1890-luvun puolivälissä. Hienoja wieniläisiä tanssikenkiä myyvän kenkätehtailijan ja lestadiolaiskristillisen arvomaailman välillä on varmasti ollut ristiriitoja.

Kirjeen taustalla näyttää olleen Robertin henkilökohtainen tarve parannukseen niistä asioista, jotka ovat johtaneet häntä kauemmaksi hänelle niin tärkeästä kristillisyydestä. Robertin oman tilanteen lisäksi tekstissä voidaan nähdä juuri tuolloin Tampereelle saapuneen lestadiolaisen uudenheräyksen vaikutuksia. Uudenheräyksen katsotaan alkaneen Kittilästä, josta Pietari Hanhivaara oli sodankyläläisen Heikki Syväjärven kanssa saarnamatkalla Etelä-Suomessa vuoden 1898 alussa. Tuon matkan aikana he kävivät myös Tampereella. Uudenheräyksen keskeinen sanoma oli, että entinen kristillisyys ei ole riittävä, vaan tarvitaan entistä syvempi uusi herätys. Syntejä ei todistettu katuville aiempaan lestadiolaiseen tapaan ehdoitta anteeksi, vaan vaadittiin syvempää katumusta ennen syntien anteeksisaamista. Sanomia Siionista -lehden kesäkuun numerossa 6A/1898 julkaistu kirje on todennäköisesti kirjoitettu juuri näiden alkuvuoteen sijoittuneiden Lapista tulleiden saarnaajien pitämien seurojen jälkeen.

Kirje Tampereelta.

1898.

Muista siis kustas lankesit pois, ja tee parannus, ja tee niitä ensimäisiä töitä. Ilm. 2: 5.

Minun ei tässä tarwitse pitemmältä puhua, eli kirjoittaa, waan muistella ainoastaan omaa tilaani, joka olen paljon sywemmälle langennut, kuin Epheson seurakunta, joskin myös heiltä parannus waaditaan. Waan kyyneleet kostuttawat silmäni, käsi wapisee, sydämeni on täynnä murhetta, epäilystä, häpiää ja pelkoa. Ja niin ei todella syyttä olekkaan. Sillä häpiä, todellakin suuri häpiä ja pilkka on tähteni tullut Jumalalle ja Jumalan waltakunnan asukkaille. Suuren surun ja murheen olen lankeemuksellani saattanut. Noin kaksitoista wuotta olin uskoa tunnustamassa ja usein sain sielussani tuntea sitä taiwaallista esimakua, ja sitä iloa ja riemua, joka niitä on ijankaikkisuudessa kohtaawa, jotka siinä kalliimmassa uskossansa woitolla pysywät. Murhe, epäilys ja pelko waihtelewat sielussani niin, että kyyneleistä usein kastelen leposiani, muistellessani sitä sywää lankeemustani, ynnä niitä raskaita waiwoja ja rukouksia, jotka Jumalan Poika on suurella huudolla Isänsä tykö lähettännyt, minun ja kaikkein langenneiden edestä ja tähden. Niin, juuri minun tähteni, joka olen langennut, että ilman eroittamatta, olen joutunut tekemään kaikkia pimeyden töitä. En kirjoita sentähden että tästä olisi jotain ajanwiettoa lukijalle, olipahan sitten kristitty eli uskoton, tahi että pilkkaajat tästä tunnustuksesta ilonsa löytäisivät. Tiedän lukijain joukossa pilkkaajiakin löytyvän, vaan onhan se heillekin osansa pantu. En sentään soisi sitä osuutta, en kaikkein pahimmallekkaan viholliselleni.

Teki haluni kirjoittaa, että Jumala parannuksestani ensin, ja ennen kaikkia kiitoksen saisi. Jeesus sanoo: ei taida kenkään minun tyköni tulla, ellei Isä, joka minun lähetti, vedä häntä. Eikös tämä ole juuri Isän vetämistä Pojan tykö, että minussa herätti omantunnon ja .vielä päälliseksi että sain käsitystä siitä opista, jonka Hän Poikansa kautta tuotti maailmaan! Tämän valkeuden keskellä minäkin raukka olen syntiä tehnyt. Kyllä nyt jo tunnen tunnollani ne haavat, mitä se palvelia saa kärsiä, joka tiesi herransa tahdon y. m. eikä tehnyt sen jälkeen. Luuk. 12: 47.

Vielä rukoilen, että ne kalliisti lunastetut sielut, jotka kantavat armollisen Jumalan Isän, ja rakkaan Vapahtajamme armahtavaista sydäntä, ottaisivat osaa langenneen sielun tilaan rukouksillaan, vaan en minä kumminkaan, noita Simonin tavoin tahdo edestäni rukoilemaan. Ap. t. 8: 24. Kyllä minä ennen Daavetin kanssa sanon: „vanhurskas lyököön minua ystävällisesti". Niin kyllä tahdon kärsiä kristittyin oikeutetut nuhteet, ei ne kumminkaan ole niin kovat, kuin mitä nykyään olen saanut tunnollani koitella, ja tätäkin vielä enemmän kaipaisin veljet ja sisaret, että teidänkin sydämet halkeisi laupeudesta Jeesuksen tähden anteeksi antamaan minulle, ja että esirukouksissanne muistaisitte minua armoistuimen tykönä, sillä niin raamattu Jumalasta todistaa: „Minun sydämeni halkee laupeudesta hänen kohtaansa, minä kaiketi armahdan häntä." Niin on Jumalan kansa ennenkin sydämensä pohjasta kysynyt, kun owat saaneet suuret syntinsä anteeksi, ja tunteneet Jumalan armahtawaista läsnä-oloa: „Kuka on senkaltainen Jumala, kuin sinä olet, joka synnit annat anteeksi? Ja Hän menee ohitse perimisensä jääneitten rikoksia. Ei hän pidä wihaa ijäti, sillä hänellä on halu laupeuteen.

Kyllä näen nämät ja monet muut kalliit ja armosta rikkaat lauseet raamatussa, waan ei ole minun juuri helppo niitä kalliita raamatunpaikkoja sydämelläni käsittää ja uskoa. Rohkenen wieläkin kehottaa niitä kalliita sieluja, joiden sydämellä on kalliina langenneen tila, lähestymään ynnä minun kanssani taiwaallista Isää Jeesuksen nimeen, rukoillen Häneltä armoa ja woimaa uskomiseen. Sillä häneltähän se tulee „täydellinen lahja". Olen minä Taawetin lailla kastellut leposiani kyyneleillä, jopa leipää syödessänikin itkenyt, kun olen muistanut Jumalan suurta armoa kohtaani, ja toiwon että Jumala puhdistaisi uskolla sydämeni.

Warmaan on kristityillä kokemus siitä, kuinka paljon taipuisampi on sydän uskottomuuteen kuin uskoon. Ja sentähden onkin walweilla oltawa, kun emme tiedä, jos huoneen herra tulee puoliyöstä, kukon laulaissa tahi keskipäiwällä.

Nyt sanon hywästit ja pyydän, että kristityt muistaisiwat minua paljolla anteeksi annolla.

Piirrän tähän nimeni, ollen kaikkein heikkoin joukosta.

R. A. Grönfors.

Liite 3. Elämäkerrallinen kirjoitus 1925

Robertin kirjoittama 16-sivuinen vihkonen *Vähän herätyksestäni ja uuden syntymisen koettelemuksia Kristillisyydessä ennen ja nykyisin* on se julkaisu, joka mahdollisti tämän teoksen synnyn. Ilman tätä tekstiä hänen elämästään, erityisesti lapsuuden ja nuoruuden ajalta, ei olisi riittävästi tietoa elämänkerrallisen kertomuksen kirjoittamiseksi.

Kun tätä Robertin kirjoitusta lukee, on huomattava, että se on julkaistu Robertin ollessa 74-vuotias. Teksti on siis ikääntyvän miehen kirjoittamaa, kuten hän itsekin toteaa. Tämä johtaa väistämättäkin siihen, että monet muistot ovat ajan kultaamia ja osittain hänelle rakkaan esikoislestadiolaisen kristillisyyden ajatusmallien muovaamia. Joitain asioita on korostettu ja monia jätetty kertomatta, mikä on hyvin ymmärrettävää. Myös se on ymmärrettävää, että vuosikymmenet ovat muuttaneet joitakin yksityiskohtia muistissa ja tämän vuoksi jotkin kirjoituksen sisältämät pikkutiedot eivät vastaa aivan tarkkaan esimerkiksi kirkonkirjojen merkintöjä. Tämä ei kuitenkaan vähennä Robertin kirjoituksen arvoa.

Erityistä Robertin tekstissä on se, että maallisesta menestyksestä kertominen puuttuu siitä kokonaan. Hän ei kerro mitään aikoinaan menestyneestä liiketoiminnastaan ja monipuolisesta toiminnastaan yhteiskunnan eri aloilla. Kristillisyyden kokemukset tulevat sen sijaan elävästi kerrotuksi, kuten jo julkaisun nimikin kertoo.

Robert Grönforsin elämänkerrallinen kirjoitus tarjoa mielenkiintoisen kurkistuksen lestadiolaisuuden alkuvaiheisiin Etelä-Suomessa. Teksti on siinä mielessä ainutlaatuinen, että tuon ajan lestadiolaisen heräyksen sisällä kirjoitettuja aikalaiskuvauksia on olemassa hyvin vähän.

Kuinka moni meistä olisi valmis kirjoittamaan eläkepäivillään vastaavanlaisen tekstin omasta elämästään?

Wähän herätyksestäni

ja uuden syntymisen koettelemuksia

Kristillisyydestä ennen ja nykyisin

Kirjoittanut R. A. G.

Kirjapaino Hermes, Tampere 1925.

Hinta 3 —

Wakawa herätyshuuto.

„Juomarin ei pidä Jumalan waltakuntaa perimän". Yksi näkymätön ääni huusi korwaani yllämainitun raamatunlauseen. Muistan sen aiwan täsmälleen. Se oli keskiwiikko-aamu klo 8'45 21 p. toukok. w. 1882. Olin silloin 31 w. Ensimäinen tyttöni kamppaili juuri kuolintaudissaan. Hän oli silloin 1 w. 9 kk. ja 4 p. wanha kun hän jätti tämän katoawan maailman ja epäuskoiset suruttomat wanhempansa. Se ihminen, jolla ei nyt ole uuden syntymisen koettelemuksia, hän ei missään tapauksessa woi etukäteen arwata eikä aawistaa niitä hirmuisia kärsimyksiä, tuskia ja waiwoja jotka juuri silloin lankesiwat omalletunnolleni. Sillä Jumala, joka armowalitsemuksessaan oli minunkin walinnut Kristuksen seurakunnan eläwäksi jäseneksi, laski awatun wanhurskaan lakikirjansa omalletunnolleni luettawaksi. Tämä kirja oli niin äärettömän kirkas ja selwäpiirteinen, että yön pimeydessäkin näki sitä aiwan selwästi lukea. Tätä kirjaa lukiessa ei tullut uni silmiin ja wuodekin oli kyyneleistä märkänä. Leipäkään ei maistunut leiwälle. Kirjassa oli prikulleen ylöskirjoitettu, siitä alkain kun muistan, pienemmätkin rikokseni. Kymmenet käskysanat olin kymmenkertaisesti rikkonut, josta seurauksena oli 10,000 leiwiskän welka. Ajattelewa lukija käsittää, että tämä on jotenkin raskas taakka kun se on painamassa omallatunnolla. Ja sitten tuo ääni: „juomarin ei pidä periä Jumalan waltakuntaa", kaikui wielä korwissani myöhään yöhön asti — noin 42 wuotta taaksepäin. Kirja näytti että tuo tyttösikin sai sinun juoppoutesi tähden kärsiä kowia tuskia eikä kuolemakaan olisi häntä niin nuorena kohdannut, jos hän olisi saanut oikean kaswatuksen y. m. s. Millä tunnolla luulet seisowasi wiimeisenä tuomiopäiwänä, jolloin kaikki kansat silloin kutsutaan koolle, saamaan sen jälkeen kuin he ruumiissaan tehneet owat, joko sitten hywää eli pahaa. Silloin ylimmäinen tuomari julistaa päätöksen niille, jotka täällä armon ajassa jo owat tuomitut. Siellä on sitten paljon päällekantajia, tyttösi kaikkein ensimäisenä ja sitten juoma- ja huorakumppanisi, korttipeli- ja tanssikumppanisi ja kaikki joiden kanssa olet walhetta, petosta y. m. wääryyttä harjoittanut ja synnillisiä polkuja kulkenut. Onpa wielä jokaisesta turhasta ja kewytmielisestä sanasta tili tehtäwä. Ja jos olet kulkenut wanhempaisi jälkiä, niin saat wielä tiliä tehdä heidänkin edestään. Ajattele rakas lukija! Kun kaikki nämät, sekä muut kauhistukset oliwat raskaana painona omallatunnollani. Ja sitten wielä tuo kaikkein raskaampi ja sydäntäsärkewämpi synti, että olin synnin teräwillä weitsillä awannut Herran Jeesuksen pyhästä ruumiista kaikki werisuonet ja hikireijät werta wuotamaan.

Nämä ja monta muuta, joita on mahdoton tässä mainita, oli siinä kirkkaassa kirjassa ylöskirjoitettu. Nyt ei siis ollut edessä muu kuin pohjattomuus. Sillä joka ainoalla askeleella kun astuin tällä maan kamaralla, heilui helwetti allani. Wapisten ja wäristen sitä waan wartosin milloin maa aukeaa ja nielee minut, niin että eläwänä menen helwettiin kuin Kooran joukko. 4 Moos. k. 16: 32, 33. Ei tämä ole nyt sitä, kun sanotaan „kaunokirjoitusta", sillä kyyneleet täyttäwät nytkin silmäni näitä muistellessani. Mutta onhan raamatussa: „Katsokaat sitä kalliota josta te lohkaistut olette ja sitä kaiwoa, josta te kaiwetut olette". Jes. 51: 1.

Wanhalla wapisewalla kädelläni ja hywässä tarkoituksessa Jumalan Pyhän Hengen awulla aijon jatkaa tätä, sekä näyttää, millaista oli kristillisyys kodissani, kirkossa, kirkkotiellä ja pappilassa, niin että jälkeen jääneet lapseni saawat tätä lukea kun isää ei ole enää olemassa ja heille puhumassa.

„Wäärä oppi ja walhe olkoon minusta kaukana." Sananl. 30: 8. Nehemian kirjasta näemme kun pappi Esra haki ylös Jumalan lakikirjan, joka kauan oli kadoksissa ollut, otti 12 apulaista kanssaan. Näin aukeni Esra-papillekin se kirkas lakikirja, ja kun hän apulaistensa kanssa selitti tätä Jumalan lakikirjaa niin selkeästi että koko kansa sen aiwan oikein ja hywin ymmärsi, tämän saarnan olla kansassa tapahtui suuri muutos. He rukoiliwat Herraa kaswoillaan maassa, pukiwat säkit ylleen ja heittiwät tuhkaa päittensä päälle, tunnustiwat syntinsä ja wielä isäinsäkin pahat teot.

Kotonani.

Lasna ollessani sain wanhemmiltani oiwallisen lukutaidon, waikka oliwat kristillisyyden korkeasta asiasta tietämättömät, ja siitä mitä wälikappaleita Jumala käyttää, saattaaksseen katuwaisen syntisen autuuden tuntemiseen. Niin, koska olen lyhyesti tunnustanut omia syntiäni, niin en mene ulos Raamatusta jos siwumennen mainitsen wanhempaini ja sen aikuisten pappien tekoja. Isäni kyllä oli ahkera työmies. Suutarin työllä hän elätti perheen johon kuului äiti ja lähes 12 lasta. Hän raiwasi ylityönään kiwiseen mäenrinteeseen muutaman tynnyrin alan peruna- y. m. maata. Silloin oli yöt lyhyitä, waan päiwät pitkiä. Mutta wiinaa sitä piti olla talossa, työt ei oikein muuten kulkeneet. Ja molemmat, isä ja äiti oliwat wiinalohikäärmeen orjia. Sitä poltettiin siihen aikaan joka talossa ja myytiin kauppatorilla niinkuin maitoa sillä mitalla, kun ostaja waati. Isälläni oli 4—5 miestä työssä, aamulla 4 aikaan aljettiin työ. 6 aikaan isä meni audan tiskille, otti kortit ja sanoi: „katsotaan kuka maksaa puolikuppisen, samoin ehtoolla 6 aikaan, ja taas äreästi työhön. Isälle ja äidille syntyi joskus riita wiinalohikäärmeen tähden, mutta kun oliwat jokseenkin tasawäkiset, niin riita ei päässyt pitkälle, sammui alkuunsa. Näin ollen sain minäkin jo äitini nisistä imeä tuota wiinan sekaista nestettä. Lapsilla kuitenkin oli ankara kaswatus. Illalla annettu läksy täytyi aamulla osata ulkoa lukea, ennenkuin sai mitään suuhun pantawaa. Lapset eiwät saaneet syödessä istua. Ja kun tuli pyhä, luki isä, jos kirkkoon ei menty, Lutherin eli Arttipostillasta saarnan. Lasten täytyi wakawasti istua ja kuunnella, ei mikään jäsen saanut turhan päälle liikkua. Jumalan sana on kyllä sen arwoinen, mutta minä en ollut niin ankara lapsilleni. Mutta tämä ankaruus sai alkunsa wiinajumalalta, bachukselta. Paawo Ruotsalaisestakin sanotaan: „koska hän oli wailla innostusta, silloin oli turwattawa wiinapulloon". Olen nähnyt ja kuullut, sekä itse kokenut että juomaristakin tulee jumalinen. Wiinan turmiollisuus nousee päähän. Ja sekin on tunnettu, että wiinan saastainen henki ja wihan musti henki owat weljeksiä, waikka juopuneen oman ymmärryksen mukaan järki tulee teräwämmäksi, waikka se raittiin silmissä esiintyy tyhmäpäisyytenä.

Tuli joulu-aatto-ilta. Kun ruokapöytä oli katettu

sanoi isä: „menepäs nuoremmaksesʼ tuomaan joulu sisälle", s. o. olkilyhde. Olin silloin 13 w. wanha. Isän ei tarwinnut käskyään toistaa. Owet jäi auki, niin sitä mentiin. Tulin olkilyhteen kanssa tupaan, isä sanoi: „seiso siinä", haki senkin klahwista wiinakarasiinin ja pikarin. Ensimmäisen annoksen tuota lohikäärmeen myrkkyä hän kaasi lyhteen päälle, toinen annos tuli minun hywäkseni. Tätä salaisuutta ja taikatemppua en wielä nytkään käsitä. Hajoitin oljet lattialle ja niin käytiin pöytään päin. Isä alkoi ruoka- eli juhlawirren karhealla äänellä ja pitkäänwetämisen nuottitaidollaan. Wirren loputtua wiinapullo sai tehdä kiertokulkua, ruokarynppy otettiin ja kalarynppy, nuorimpana lapsena en oikein muista, ehkä joku otti puurorynppynkin arwellen senkin kalaksi j. n. e. Ei nyt tarwinnut sanoa: „tulis joulu että sais yöllä syödä". Ruoka ja wiinapullo oli pöydässä. Äiti toi kahwipannun ja nisua, ketä nyt halutti syödä, ketä juoda kahwia, ken teki puolikupposen, kaikki oli wapaata. Jouluwirret weisattiin järjestyksessä bachusta palwellen ja kun näin oli yö wietetty, täytettiin taskumatit lohikäärmeen myrkyllä. Sitten sanoi isä: „nyt lähdetään kirkkoon". M.-kylän kirkkoon oli matkaa 4 ryssän wirstaa. Se oli kylmä kiwikirkko. Ja juuri tämän tähden kun terweyttä muka suojeltiin, pantiin taskumatti housuntaskuun reittä wasten, että se oli lämmintä heti kirkon takana nauttia. Sopiwassa tilaisuudessa nauttiwat ehkä jotkut kirkossakin. Lähdetään kirkkoon. Nyt kun awaan kirkon owen, se on jo täynnä wäkeä ja sadat kynttilät walaisee kirkon. Mutta mikä ikäwämpi, katkera wäkijuomain haju lemuaa nokkaan, aiwankuin ankaisisi inhottawamman kapakanowen. Lukkari alkaa wirren: „Pyhä kristikunta iloitse". W.k. n:o 116. Wiimeistä wärsyä alettaessa 2 pappia astuu alttarille walkoiset paidat yllä ja kullan ja hopean wäriset kauhtanat paitain päällä. Toimitus alkaa: „Nimeen Isän, Pojan ja Pyhän Hengen. Rakkaat ystäwät, weljet ja sisaret Kristuksessa Jeesuksessa" j. n. e. Kun siunaus on luettu, lähdetään kirkosta. Katsotaan, jos kulkuset ja pienet kellot on kunnossa, sitten annetaan muutamia läimäyksiä hewosraukoille, jotka jo ilmankin wärisewät kylmyydestä. Ja niin sitä mennään joulukirkosta, niin että muutamat wanhat mummot ryömiwät maantien ojassa hangessa, peläten päälle ajoa, ja huudetaan: „pois saatana tieltä"! Muuan oli antanut hewoselleen jouluyönä hapankauroja, kannun olutta ja puoli tuoppia wiinaa, niin että sen piti ajajan waatimuksen urhoollisemmasti täyttämän. Nyt kun on käyty kirkossa ja kirkkotieltä päästy kotia, mennään papin palkanmaksulle. Oli eräs pappi, kowin hurskas mies. Hänen palkkansa oli 2 mk. hengeltä. Siihen aikaan käytiin papin kotona maksamassa hänen palkkansa. Kun oli tuon 2 mk. antanut, pastori nyökkää päätään, se oli niin paljon: saat mennä. Mutta jos antoi 10—12 mk. niin pastori näytti siwuowea, joka kansliasta aukesi toiseen huoneeseen, jossa oli pöytä ja siinä wäkijuomia, kahwia, pullaa ja tupakkaa. Siis täydellinen kapakka. Suwella laiwalta ostetut halot hakkautettiin tehtaanmiehillä talkoolla klawuiksi ja monikin heistä tuli kotia horjuen ja ärjyen. Eräs rowasti saarnasi T:reen wanhassa kirkossa näin: „Te näette rakkaat sanankuulijani, kun perkele on saanut kirkon rakennusrahat, niin täytyy teidän olla näin ahtaudessa" j. n. e. Kun kirjoittaja juuri silloin oli heränneellä tunnolla, tunnusti itsekseen rowastin puheen oikeaksi, sillä kirkon rakennusrahat silloisen waltuuston päättämänä lainattiin silloin rakennuksen alla olewalle uudelle wiinapolttimolle, jota lainaa rowasti wastusti.

Ikäwä on mainita, mutta saahan sitä rietasta syyttää, joka ei häwennyt kiusata Jumalan Poikaakaan, saati ihmistä. Niin tuli rowastimmekin kiusaajalta woitettua, heräsi ajatus: „Matti, menepäs laittamaan pariwaljakot waunujen eteen ja lähdetään wiinarännille", asia oli oikein ja hywin rowastilta harkittu. Jumala oli rowastin elon siihen mittaan kaswattanut, että sen juureen woi sirpin laskea. Nyt täytyi mennä siltä ennen kirotulta apua hakemaan että saadaan elo leikattua, kun muutenkin tuntui olewan epäselkeät ilmat. Talkoowäki koolle ja wilja poikki. Illalla pistettiin tanssiksi, kirjoittaja mukana. Taitaa ehkä sopia: „Sinun edessäsi iloitaan niinkuin saaliin jaossa elon aikana". Mutta sopii tähän Paawalin kirje Roomalaisille, jonka toisessa luwussa sanotaan: „Luuletko o ihminen, sinä joka niitä tuomitset, jotka sen kaltaisia tekewät, ja sinä myös niitä teet, että sinä wältät Jumalan tuomion?" Ja Luther sanoo: „joka elää toisin, kuin hän opettaa, se häpäisee Jumalan nimen meidän seassamme, — siitä warjele meitä taiwaallinen Isä!" Täytyy tehdä tässä pieni kierros sen suuren opettajan määräyksestä, joka sanoo: „tehkää mädännyt puu ja tehkää hywä puu", ja „wäärä oppi ja walhe olkoon minusta kaukana". Hän on myös sanonut: „etsikää ensin Jumalan waltakuntaa ja Hänen wanhurskauttaa j. n. e." On myös sanottu: „monen waiwan kautta on teidän sisälle tultawa".

Haluni on lyhykäisesti esiin tuoda niitä waiwoja joita sain koetella ennenkuin löysin Jumalan waltakunnan. Wanhemmiltani sain myös senkin tiedon, että kyllä papit warmaan tietäwät miten ihminen autuaaksi tulee. Pelon ja kauhun waltaamana suuren syntitaakkani kanssa lähdin wihdoin pappilaan. Pastorin kansliaan päästyäni sain käskyn istua. Näin kymmenkunta minuuttia puheltuamme tulee pastorska kansliaan tarjotin kädessä ja siinä 2 lasia punssia. Tarjoo ensin minulle, mutta minä sanoin: „en nauti punssia, se on synti, pastorska tekee hywin ja wie pois". Ei ottanut pastorikaan, sanoi kuitenkin: „ei raamattu kiellä wiinaa ryyppäämästä", oli hetken hiljaisuus niin hän sanoi: „mutta ei se käskekään". Siihen sanoin: „pastorillahan on kummallinen raamattu kun ei se kiellä eikä käske". Mutta asia on niin että oma wanhurskaus saa kokonaan toisen käsityksen Raamotusta kuin Kristuksen henki. Juomari ja alkohoolin puoltaja lukee Syyrakkia ja muita Pyhän Raamatun lauseita omaan pussiinsa. Kun walitin syntisyyttäni, ei hän kysynyt kuinka paljon olen Herralle welkaa? Lisäsi waan kuormaa, käski rukoilemaan, lukemaan ja ahkeraan käymään kirkossa, johon sanoin: „usein olen yksinäisyydessä polwistunut Jumalan eteen, wieläpä kirkon permannollekin, kyyneleitä wuodattaen tunnustanut syntiäni kirkon penkissä, mutta en ole tunnolleni saanut muuta wastausta kuin että jumalattoman rukous on kauhistus Herralle". Kun ei asiani näyttänyt paranewan, aloin hywästellä, sitä ennen kuitenkin pyysin, jos pastori olisi hywä ja tulisi meille pitämään raamatunselitystä. Pastori tulikin pyhäiltana. Olin kutsunut ystäwiäni ja lankoni, kuin Cornelius. Juuri siihen aikaan oli Puuwillatehtaalla, jossa lankonikin käwi, englantilaisia insinööriä sähköwaloa koettelemassa ja nyt alkoi heille puhe sähköwalosta. Heränneellä tunnolla ollessani, kauan kärsittyäni ja lattialla käweltyäni, loppui wihdoin kärsiwällisyys ja sanoin: „joka härillä ajaa, se niistä puhuu". Huomasin että pastori loukkaantui, kun hän sanoi: „No no, maallisetkin on sentään puhuttawa". En kuitenkaan hellännyt, waan sanoin: „En kutsunut tänne pastoria sähkövalosta puhumaan, se on toista valoa kun minä tarvitsen". Pastori käski veisata virrenvärsyn. Aloin m.k. viimeisen värsyn virrestä 222: „Sun sanas' on mun jaloillen' juuri valpas paistava lyhty. On se myös minun sydämelleni yksi kirkas kointähti, jota on paits' pimeys, kaikki. Sepä suur' Jumalan lahja, valon kantaa, hengen antaa niill' kuin sitä rakastaa aina". Sen perästä kaikki! polvistuimme ja pastori piti rukoukset. Sitten hän luki uudesta testamentista jonkun paikan, hetken puhuttuaan piti rukouksen, veisattiin virsi, hän hyvästeli ja lähti. Rauhoituin vähän, vaan se pois ottamaton synnin velka tuli yhä suuremmaksi. Kerran kun olin yksinäni kotona, otin tunnustuskirjan, laskin sen pöydälle, panin käteni ristiin sen päälle ja polvistuin lattiaan rukoilemaan. Jos Jumala, rakas Isä, olet minulle kurjalle syntiselle autuutta valmistanut Pojassasi Herrassa Jeesuksessa,' niin anna minun saada se ymmärrys tästä kirjasta. Ja kun nyt alotin tutkimalla sitä lukea, niin tuodaan siinä selvästi esille väärä ja oikea oppi ja kirotaan väärä oppi. Ja minä kun tunsin itseni vääräntekijäksi ja että olen väärällä tiellä ja väärässä opissa niin ei tullut muu neuvoksi kuin yhä enemmän vedin kirousta päälleni. Kuolema ja helvetti oli silmäini edessä, käännyin minne päin hyvänsä. Näin kirjakaupan ikkunalla rovasti Hedbergin kirjan, menin sisälle, ostin sen, lähdin kotia mielissäni. Kirjan aihe oli: „Katso Sionia, meidän juhlakaupunkiamme" Jes. 33: 20. Aloin taas rukoillen sitä lukemaan ja sen minkä ymmärsin, niin koko kirja puhui siitä Siionista joka vasta saavutetaan autuaallisen kuoleman perästä. Tämäkin kirja näytti, etteihän sinun sovi ajatellakaan kuunian Siionia kun olet suuri syntinen. Otin Raamatun, hain yllämerkatut tekstisanat, luin eteen päin 20 wärsystä, wiimeisissä, 23 ja 24 wärsyissä sanotaan: „Sillä paljon kalliimpi saalis pitää jaettaman, niin että ontuwat myös ryöstääwät. Ja ei yhdenkään asuwaiien pidä sanoman: minä olen heikko, että kansalla, joka siellä asuu, pitää oleman syntein päästö". Wiskasin Hedbergin kirjan menemään, sanoen enempi uskon profeettaa kuin tuota kirjaa. Ja kun tuon sanan, enempi uskon, olin lausunut, niin se oli kuin „efaatta", se on „aukene". Ja niinpä rupesi minullekin kirjat aukeneen, selwemmin katkismuksesta alkaen. Jumalalla on armon waltakunta täällä maan päällä, jossa Hän taritsee armonsa ja antaa anteeksi kaikki synnit. Jopa löysin tunnustuskirjasta Augsburgin 12 artik.: „Kasteen armosta langenneet saawat syntinsä anteeksi, milloin waan kääntywät ja että seurakunnan pitää antaman parannukseen kääntyneille synninpäästön". Psalmi 87: 5. Sionille pitää sanottaman että kaikkinaiset kansat siellä syntywät ja että Korkein sitä rakentaa. Ja tähän sisältyy kaikki. Raamattu, Tunnustuskirja sekä Lutheruksen oppi. Nyt waan tuli jälleen kysymys mistä löytää Jumalan waltakunnan eli Siionin, eli niitä ihmisiä jotka syntisen palauttaa tiensä erehdyksestä, wapahtaa sielun kuolemasta ja peittää syntien paljouden. Jaak. 5: 10, 20. Ei kysynyt kukaan minne olet matkalla, eikä kukaan sanonut tunne Herra y. m.

Tampereella ei ollut siihen aikaan hengellistä liikettä paitsi Waltiokirkko, ja körttiläiset jotka eiwät uskosta puhuneet mitään waan lauloiwat kun kokoontuiwat: „Pois makia maailma jää". Heitä paimensi rowasti G. G. Siltä tuntui, kuin kaikki olisi ollut hengellisesti kuolleita. Poikasena olin jo kuullut puhuttawan, että Ruotsin Lapissa on ilmestynyt sellainen willioppi, että ihmiset antawat syntiä anteeksi, ja että sen alkuunpanija on row.

Lauri Leewi Laestatius ja että se nyt jo on Suomen puolella, Torniosta kulkenut Ouluun. Minä odotin sydän suussa milloin se päiwä walkenisi, että n. k. williopin saapuisi Tampereelle, että olisin saanut tunnustaa syntini ja saanut ne anteeksi. Kun nyt papit arkkipiispasta alkaen oliwat saaneet tiedon williopin lewenemisestä etelään päin, tuli heille tulinen kiire laittamaan patoa eteen ettei williopin olisi pääsyt lewenemään. Kirjoja tehtiin monen karwasia hihhuleisto. Silloinen warakhra fil. maist. Josef Grönberg w. 1894 rupesi latinasta suomentamaan tunnustuskirjaa tietämättä ollenkaan siitä, että se kirja kumoo hänen oman oppinsa.

Kauan odotettuani sain kuulla, että Oulusta on tullut Tampereelle kaksi sisarusta, kuulin että heidän pitäisi olla jonkun sepän tyttäriä, wälipä sillä, oliwat kuitenkin kristityitä tyttöjä. Menin heidän luokseen. He ottiwat ystäwällisesti minut wastaan ja kun huomasiwat että olin waiwattu synneiltäni, alkoiwat taitawasti menetellä kanssani, sanoiwat m.m. että Lutherus waatii että synneillä pitäisi olla nimetkin. Heillä tuntui asia olewan wielä wähäsen hämärässä, waikka minuun nähden se oli kuin puolipäiwä. En kuitenkaan rohjennut heille tunnustaa syntiäni, sillä ne oliwat siksi rumia. Ja wielä toinen asia, kun kirja ei mainitse rippiäidistä waan rippi-isästä. He sanoiwat tuntewansa rakennusmest. Gallundin Helsingistä, ja että hän on ewankeliumin saarnaaja, hepä kutsuwat hänet Tampereelle että täälläkin saawat ihmiset kuulla oikeaa Kristuksen oppia ja miten ihmiset pääsewät autuuden tuntemiseen. Näin he puhuiwat ja pyysiwät minun etsimään seurojen pitoon sopiwaa salia, johon sainkin erään koulun Wuoriselta. Niin tuli saarnaaja. Ihmisiä oli myös tullut koolle, kirjoittaja muiden mukana. Wirren weisuulla ja rukouksella alettiin saarna. Sen loputtua tuntui kuin se olisi yksin minulle kuulunut koko saarna. Ihmiset itkiwät. Rumat henget eiwät wielä lähteneet, niinkuin Samariassa Filippuksen saarnatessa. Ap. t. 8: 7. Tunnustamatta jäi minunkin syntini, eikä se lähde kulumalla eikä se mätänekään syystä kun tuo pappein hapatus, ei ihmisiltä, ei ihmisiltä saada syntiä anteeksi waan ainoastaan Jumalalta, oli minunkin luissani ja ytimissäni lujassa. Näin ollen sain taas unettomia öitä wiettää joitakin wiikkoja. Tällä ajalla oli lankoni käynyt Kojon kartanossa weljensä luona, jossa tämä oli maalaamassa. Sieltä palattuaan alkoi hän jutella että hänelle nyt on kaikki synnit annettu anteeksi ja että weljensä ne antoi Herran Jeesuksen nimen ja kalliin sowintoweren kautta, ja minä uskon ne saaneeni anteeksi. Tässä nyt oli esikoinen Tampereella kuten Cornelius Cesareassa, jonka kirkkohistoria mainitsee. Mutta kun Helsinkiläiset nyt oliwat kuulleet että Tampereellakin oli Jumalan sana otettu wastaan, lähettiwät he Tampereelle lähetysmiehet Sundströmin ja Berglundin. Tultuaan alkoiwat he heti puhuttelemaan minua. Hetken sanoja waihdettua kysyiwät, eiwätkö saa todistaa syntiä anteeksi minulle, johon wastasin että olen sitä jo kauan odottanut. Pyytämättäni laskiwat kätensä päälleni kun tunsiwat ja näkiwät synniltä raskautetun sielun. Sitten sanoiwat: „usko nyt kaikki syntisi saaneesi anteeksi, jotka mekin annamme ja todistamme Jumalan puolesta Herran Jeesuksen pyhän nimen ja kalliin sowintoweren kautta. Ole iankaikkisesti, rakas weli, turwattu tästä hetkestä aina kuolemahetkeen asti". Kun uskoin tämän Jumalan anteeksiantamiseksi, hyppäsin korkealle ja huusin suurella äänellä: „ole kiitetty ja korkeasti kunnioitettu kolmeyhteinen Jumala, kun minäkin synniltä waiwattu saan nyt uskoa itseni Jumalan lapseksi ja Jeesuksen kanssaperilliseksi". Ja wielä tänä päiwänä uskon, että juuri sillä hetkellä sain Raamatun jälkeen ja heidän kättensä päälleni panemisella asuwaisen Pyhän Hengen, ja niin tapahtui minussa uusi syntyminen Jumalan, rakkaan Isän tahdon jälkeen. Siitä on noin 42 w. Wälillä kyllä on tapahtunut kompastuksia, suuriakin, waan minkä Jumala on käteensä ottanut, sitä ei kenkään Hänen kädestänsä repäise. Ja Jumala puhdisti uskolla sydämeni, sillä Pyhä Henki ei asu saastaisessa sydämessä eikä siinä sielussa joka synnin alle on myyty. Niin Jumala käski walkeuden pimeydestä paistaa, se paistoi tunnolleni ikiwalkeuden. 2 Kor. 4: 6. Tällä walkeudella aloin puhdistaa omaatuntoani synnin kuolettawista töistä. Läksin syntikumppanieni kanssa sowintoa tekemään, en juuri 10 kaupunkiin, kuten pirulta riiwattu, waikka riiwattu olin minäkin tawallani. Mutta heräsi ajatus, mistä johtuu se, että minussa on noin paljon rietasta, kun nyt uskon että äitini kohdusta tähän maailmaan tultuani olin Jumalan lapsi, jos olin saanut wesikastetta eli en, tällä en silti halwenna wesikastetta, joka on hywän omantunnon liitto, sanoo Pietari. Katsellessani hämähäkin werkkoa, jonka se oli yön aikana kutonut ja kun tähän nyt lensi kärpänen, niin heti oli hämähäkki sen kimpussa imemässä kaiken eläwän hengen siitä ulos. Siihen nyt näköjään jäi kärpänen wailla eläwää henkeä. Tällä kuwauksella tarkastelin itseäni ja muistin, että saatanan werkko on yhtä hieno kuin hämähäkin werkkokin. Olen sitä aikaa koetellut, tutkinut ja katsellut, kuitenkin näkemättä sitä hetkeä milloin olen siihen joutunut, waikka olisi filosoofin silmät. Se waan on tosi, että perkele, se suuri hämähäkki werkossaan, imee ihmisestä kaiken jumalantuntoisuuden pois. Siinä nyt näköjään ihminen käwelee, syö, juo ja tek e, mitä se iso hämähäkki määrää. Toisinaan se muuttaa itsensä walkeuden enkelikst, laskee kirkkoon ja Herran Ehtoollisella, mutta jolla ei ole Kristuksen henkeä, ei se ole hänen omansa, se on hengellisesti kuollut. Upsalan piispalla ei ole ollut hengellisen kuoleman koettelemusta, kun on katkismusta tehdessään luonnollisen kuoleman asettanut ensimäiseksi. Näin ollen on ihminen kuolleessa tilassa siihen asti kun hänessä tapahtuu se ensimäinen ylösnousemus, jonka ylitse toisella kuolemalla ei ole yhtään waltaa. Ilm. 20: 6.

Mutta jouduttuani suuresta Jumalan armosta Pyhän Hengen werkkoon, tunsin että se on tehty lujasta pellawalangasta ja siinä werkossa ollessani tulin näkemään että olin joka jäsenelläni syntiä tehnyt. Oli paljon perkeleitä, oli waikauden, juoppouden, huoruuden, kateuden, wihan, koston, kunnian, ylpeyden, tanssin ja korttipelin perkeleitä. Ja näitten riettaitten tekoja täytyi lähteä sowittelemaan. Tuttuja oliwat nuo jäljet, tuossa ja tuossa talossa olin sitä ja sitä syntiä tehnyt, antakaa anteeksi. Näin panin pois sen wanhan ihmisen jonka kanssa ennen waelsin. Ef. 4: 22 ja 5: 13 sanotaan: „Kaikki kun ilmi tulee, se on walkeus". Puhtaat pitää olla jalat sillä suuren Siionin awaruuteen ei mennä likaisilla jaloilla. Ja kun jalat on puhtaat, niin on ihminen kokonaan puhdas. Puhtaitten jalkojen päällä kulkee se kallis ja pyhä ewankeliumi paikasta toiseen. Se on ensin sinapin siemenestä alkuun lähtenyt Ruotsin laihasta lapinmaasta, josta on sanottu Jes. 41: 25: „Minä herätän yhden pohjasta ja hän tulee, idästä hän on heille saarnaawa Minun nimeeni". Sak. 6: 8 sanotaan: „Ne jotka pohjaan menewät, antawat minun henkeni lewätä pohjanmaalla". Suuri waiwa ja monta yön kulmaa on saanut kristillisyytemme wanhimmat Ruotsin Lapissa walwoa, saadakseen irti Raamatusta sen kalliin ja suloisen ewankeliumin, nim. syntien anteeksiantamuksen. Se on nyt sieltä lewitetty oikean raamatullisen lähetystoimen kautta itään, länteen, etelään, wieläpä waltamerien taa. Suomessakin on nyt Jumalan suuresta armosta saatu se eläwä ewankeliumi, niin että suuri on totisten kristittyjen lauma. Oma wahinko on kullekin, joka ei ota ajasta waarin. Nyt kyllä näyttää riettaalla olewan oikeat willityksen hetket. Kun maailma lähestyy loppuaan niin rietaskin kiirehtii saaliin jaossa, tietäen itsellään wähän aikaa olewan. Kaikki pahuus nousee yli äyräittensä. Kun ei hän saa kaikkia siihen suureen jumalankieltämysoppiin, niin riiwaa hän ihmissieluja määrällä jumalisuudella. Näemme lehtien palstoilla 20—30 n. k. hengellistä liikettä. Emme kadehdi, jos eri seurajet uskollaan autuaaksi tulewat, mutta emme kuitenkaan löydä Raamatusta montaa Kristuksen seurakuntaa eikä ruumista ja mitä tointa eli wirkaa on päättömillä ruumiilla? Lutherus sanoo: „Mihin Kristus perustaa seurakunnan, siihen perkele rakentaa monta kirkkoa wiereen ja se on nyt käynyt niin Tampereellakin ja ympäri Suomea, että kyllä on lyhteitä kasaantunut tulen waraksi.

Kuitenkin wiimeisenä tuomiopäiwänä ei ole kuin kaksi joukkoa. Toiset owat walmiiksi kirotuita, niille sanotaan: „Menkää pois te kirotut j. n. e.", toisille: „Tulkaa minun Isäni siunatut j. n. e." Tämän kirjoittajakin kuuluu jälkimäiseen joukkoon, sillä hän on täällä jo saanut kutsun „yhteiseen kokoukseen" ja erikoisseurakunnan tykö, jotka taiwaissa kirjoitetut owat, ja wälimiehen Jeesuksen tykö ja sen priiskoitusweren tykö, joka parempia puhuu kuin Abelin weri. Hebr. 12: 23, 24. Tänä päiwänä wielä

Jeesuksen weri puhuu „Esikoisten seurakunnassa, joka on Jumalan huone, eläwän Jumalan seurakunta, totuuden patsas ja perustus. 1 Tim. 3: 15. Kristityt, rakkaat weljet ja sisaret, totuudessa on meillä suuri syy kiittää Jumalaa, Isää, joka hywästä tahdostaan on antanut meille waltakunnan Jeesuksen sanojen mukaan Luuk. 12: 32: „Tässä waltakunnassa waatetetaan alastomat, puhdistetaan saastaiset, ruokitaan nälkäiset, juotetaan janoiset j. n. e. Mutta suuri tuska ja waiwa on ollut Lunastajallamme ennenkuin waltakunta on perustettu. Hän on hikoillut werta yrttitarhanmaalla josta Hän sanoo: „Sinä suloisena yönä ei ollut minulla yhtään lepoa". Lewoton Hän oli, kun kieritteli matalammalla maan ruohoja. Ristillä ollessaan Hän huusi se on täytetty! Ja kun Hän kuoleman haudasta nousi, meni Hän woittajana waltakuntaansa jossa lapset oliwat koossa pelon ja ahdistuksen waltaamina lukittujen owien takana. Hän sanoi: „Rauha olkoon teille. Niinkuin Isä minut lähetti, niin minä lähetän teidät", puhalsi heidän päällensä sanoen: „Ottakaa Pyhä Henki, joille te synnit annatte anteeksi, niille ne owat anteeksi annetut ja joille te ne pidätätte, niille ne owat pidätetyt."

Se on nyt Pyhän Hengen saaneella seurakunnalla side ja päästön awaimet eikä kellään muilla. Amen. Ole kiitetty ja korkeasti kunnioitettu Kolmiyhteinen Jumala. Amen. Halleluja!

Piirsi wähin joukosta:

R. A. S.

Liite 4. Kirjoituksia Aamulehdessä 1919–1926

Robert kulki elämänsä viimeisinä vuosikymmeneni esikoislestadiolaisten valtakunnallisissa seuroissa koko Etelä-Suomen alueella. Tuon ajan junayhteydet mahdollistivat liikkumisen ja esikoislestadiolaiseen tapakulttuuriin kuuluva vieraanvaraisuus takasi yösijan seuravieraille.

Matkoiltaan Robert kirjoitti matkakertomuksia, jotka hän lähetti Aamulehdelle julkaistavaksi. On hienoa, että Aamulehti julkaisi nämä seurakuvaukset, jotka eivät muuten olisi säilyneet meidän päiviimme.

Seurakuvauksillaan Robert tuli luoneeksi esikoislestadiolaisuudessa yhä käytössä olevan tavan ja mallin kirjoittaa kuvauksia valtakunnallisista seuroista. Nykyään näitä seurakuvauksia julkaistaan Esikoislestadiolaiset ry:n julkaisemassa Rauhan Side -lehdessä.

Aamulehti 5.10.1919

Muistelmia kristillisestä kokouksesta Lahdessa.

Tämä kirjoitus on suuresti myöhästynyt. Mutta kun kristitylle kaikki vastoinkäymiset koituvat hyödyksi, niin ehkäpä tämän selostuksen viipyminenkin.

Viime kesäkuun lopulla puheena olevat kokoukset pidettiin Lahden kaupungissa. Mainitun kuukauden 28 p:n illalla piti Otto Vainio Pihtiputaalta ensimäisen saarnan, I Pietarin epistol. 4 luvun johdosta. Onnellisia ovat kristityt, joiden päällä Jumalan henki lepää.

Sunnuntai-aamuna saarnasi Iisakki Kukkonen Oulusta 2 Kor. 5 luvun johdolla maallisen majan purkamisesta ja ijankaikkisen Jumalan rakentamaan majaan pääsemisestä j. n. e. jota kristityt hartaasti odottavat. Saman päivän iltana kello 5 saarnasi Lahden kirkossa Niklas Milén Kuivanteelta Luukkaan 12: 32 johdosta. Valtakunnan on Herramme Jeesus kovan ja katkeran kärsimisensä ja kuolemansa kautta voittanut ja Hän on siihen valtakuntaan Henkensä vuodattanut, lakinsa ja liittonsa pannut. Se on uuden liiton valtakunta, jota jo profeetat ovat hengessä katselleet. Tässä valtakunnassa vaatetetaan alastomat, ruokitaan nälkäiset, juotetaan janoiset ja puhdistetaan saastaiset.

Maanantai-aamuna saarnasi kirkossa Juho Ahonen, Haminasta, Luukk. 15 luvun johdosta, jossa Herran Jeesuksen rakkautta kuvataan kolmella eri vertauksella: kadonneesta lampaasta, penningistä ja pojasta, joka saadun omaisuutensa oli irstaisuudessa tuhlannut. Klo 6 illalla saarnasi Vesterinen, Helsingistä, 2 Piet. 1 luv. johdosta, jossa Pietari toivottaa kristityille armon ja rauhan lisääntymistä Herran Jeesuksen tuntemisen kautta.

Tiistaina klo 11 ap. saarnasi rovasti Lauri. Padasjoelta. A. T. 19 johd. jossa puhutaan noin 12 opetuslapsesta. jotka olivat kastetut Johanneksen kasteella ja sen uskoneet, ensinkään tietämättä, onko Pyhää Henkeä olemassakaan. Kun Paavali pani kätensä heidän päälleen, saivat he P. Hengen. P. Henki asuu seurakunnassa, johon Jeesus on sen puhaltanut ja niinkuin Pietari siitä on maininnut.

Klo 6 illalla saarnasi Milén Matt. 18 luvun johdosta. Tässä tuodaan päivän valoon Kristuksen kirkkolaki ja miten on tultava lapsen tavoin Jumalan eli Kristuksen seurakuntaan sisälle ja miten niitä pienempiä on holhottava ja kuinka veljein rikokset on anteeksi annettava.

Keskiviikko-aamupäivänä saarnasi Vainio Hebr. 13 luvun johdosta, jossa näytetään. että rakkaudessa on vahvana pysyttävä. Illalla saarnasi Kukkonen Room. 8 luvun johdosta, josta Luth. sanoo: »että se on raamatun ydin.«

Torstai-aamupäivänä saarnasi Marttala Viipurista rukoushuoneella Hebr. 12 luvun johdosta ja illalla Ryytsä Porista 1 Joh. ep. 2 luvun johdosta. Vielä puhuivat Rantanen Padasjoelta ja kansakoulunopettaja Hirvonen Polvijärveltä sekä Salminen Tampereelta. Saarnaajia oli yli 30, vaan eivät viikon kuluessa kaikki kerinneet saarnaamaan.

Lahden kokouksista ei voi muuta sanoa, kuin että Jumala on voimallinen pyhäinsä kokouksissa. Paljon oli siellä syntisiä ja paljon upotettiin syntiä armon aavaan mereen. Jumalaa ja Herraa Jeesusta kiitettiin Pyhässä Hengessä, niin että ilon ja riemun ääni kuului vanhurskasten majassa ja rammat hyppäsivät niinkuin peurat ja mykkäin kielet pakahtuivat kiitokseen.

Jumala ,rakas Isä vahvistakoon kaikkia sanassa saarnaajia kahta terää miekassa käyttämään.

Mukana ollut

R. A. G.

Aamulehti 8.7.1921

Muistelmia kristittyjen kokouksista Porissa.

Kristittyjen kokoukset alkoivat Porissa Cygnaeuksen suuressa koulussa kesäk. 22 p:nä. Avajaispuheen piti Porin saarnaaja Ryytsä, kun ensin oli veisattu v. v.k. virrestä n:o 9 3 viimeistä värssyä. Luettiin Luukk. 8 luku, jossa nähdään erään seurueen kulkevan kaupungista kaupunkiin ja kylästä kylään ilmoittaen evankeliumia Jumalan valtakunnasta. 12 miestä ja joukko vaimoja, jotka olivat parannetut pahoista hengistä ja taudeista. Näitä johti se suurin opettaja Natsareetista. Luetun selitti voimallisesti Fager H:linnasta. 23 p:nä klo 12 saarnasi Kukkonen Oulusta Math. 5 luvun johdolla kahdeksasta autuuden tuntomerkeistä, jotka elävä sielu tuntee elämänsä iltaan asti. Iltasaarnan 2 Korr. 5:nnen luvun johdosta, piti Rantanen Padasjoelta.

Klo 12 juhannuksena saarnasi Milin Orimattilasta Hebr. 12 luvun johdolla. Tämän hän P. Hengen valossa monipuolisesti selvitti. Iltasaarnan piti Nieminen Padasjoelta. Lauvant. klo 12 saarnasi Vesterinen Helsingistä. Room. 10 luv. johdosta. Iltasaarnan piti Ahonen Viipurista 2 Piet. 1 luv. johdolla. Sunnunt. klo 12 saarnasi Toivonen Helsingistä suuresta ehtoollisesta Luuk. 14: 16 v.

Iltasaarnan piti kansakoulunopett. Hirvonen Polvijärveltä Joh. ev. 15 luv. johd. Maanantaina klo 12 saarnasi Ahonen nuorempi Lahdesta Room. 12 luv. johd. Monta synnin orjaa tuli kääntymykseen.

Nyt on Suomen kansalla oikea etsikkoaika. Jumala, rakas Isä, antakoon voimallisia herätyksiä tapahtua. Kiitos kaikesta porilaisille.

Mukana ollut.

Aamulehti 16.2.1923

— **Hautaus.** Saarnaaja Juho Ihalaisen, joka oli kristillisyydessä laajalti tunnetta Suomessa, Ruotsin Lapissa, Norjassa ja Amerikassakin, maallinen tomumaja laskettiin laskiaissunnuntaina Helsingin vanhan hautausmaan poveen. Tilaisuudessa oli läsnä noin kolmesataa vainajan ystävää eri puolilta maata. Arkun kantoi hautaan vainajan kaksi poikaa ja neljä saarnaajaa. Ruumiin siunauksen toimitti pastori Sylvander ottaen puheensa aineeksi raamatunvärsyn: »Älkäät viivyttäkö minua, sillä Herra on tehnyt minun matkani onnelliseksi, laskekaa minua menemään minun Herrani tykö.« Puhe oli niin sydäntä liikuttava, että tuskin ainoankaan saattajan silmä oli kuivana. Vielä puhui saarnaaja Milin Phipp. 1: 23 johdosta: »minä halajan täältä eritä« j.n.e. Viimeksi veisattiin vainajan omatekemä harras hautausvirsi, jonka hän 12 päivää ennen kuolemaansa oli sepittänyt.

Vanhalaestadiolaisten juhannuskokoukset Lahdessa.

Vanhalaestadiolaisten tavanmukainen vuosikokous ja kesäjuhla pidettiin tällä kertaa Lahdessa, jossa oli juuri valmistunut suuri ja komea seuratalo. Tämä talo on laajuudeltaan sangen huomattava, sillä sen suureen kokoushuoneeseen mahtuu n. 3000 henkeä istumaan. Kokoushuonetta ympäröivät parvekkeet. Pienempään kokoussaliin sopii 400—500 henkeä ja alakertaan sijoitettuun ruokasaliin saman verran. Ruokasalin yhteydessä on kaksi tilavaa keittiötä. Yläkertaan, kolmanteen kerrokseen, on varattu huoneita saarnaajia varten ja lisäksi on siellä lukuisa määrä yömajoja muualta tuleville vieraille.

Kokoukset, joita kesti neljä päivää, alotti juhannusaattona Lahden saarnaaja lyhyellä avauspuheella. Puheen piti senjälkeen helsinkiläinen saarnaaja Luoma, selvitellen Jesaijan kirjan 55 lukua. Johannuspäivänä saarnasi N. Milen Hikiältä Ef. 4 luvun johdolla, selvittäen voimallisesti, miten elävähenkisen kristityn on vaeltaminen ristin ja itsensäkieltämisen kaitaisella tiellä. Iltasaarnan piti saarnaaja Ahonen Viipurista. Seuraavina päivinä pitivät lisäksi puheita ja saarnoja saarnaajat Nieminen Padasjoelta, Rantanen Padasjoelta, Vesterinen Turusta ja Fager Hämeenlinnasta. Kaikista saarnoista huokui voimakas elävän Jumalan etsimisen kaipaus ja monet Raamatun kohdat saivat väkevän ja avartavan selvityksen.

Seuroissa oli tuhansiin nouseva määrä kansalaisia ja lahtelaiset olivat auliisti ja voimiaan säästämättä varustautuneet ravitsemaan niin henkisesti kuin ruumiillisestikin vieraitaan. Kokoukset jättivät läsnäolleisiin herättävän vaikutuksen ja osottivat ne osaltaan sangen elävästi, että Suomen kansalla on etsikon aikansa ja että ihmiset viihtyvät hyvin Jumalan sanan parissa ja etsivät siitä sielulleen virkistystä, uskoa ja lohtua. Antakoon Jumala, rakas ja rikas isä, rohkeutta ja uutta voimaa viinamäessään ahertaville työmiehille.

R. A. G.

Aamulehti 9.10.1926

Vanhaleastadiolaisten kristillisen yhdistyksen

toimesta oli äskettäin Viipurissa n.s. Mikkelin-kokous. Nämä kokoukset ovat yhdistyksen saarnaajain yhteisiä kokoustilaisuuksia, joita pidetään milloin missäkin kaupungissa. Kokouksissa valitaan saarnamiehet ympäri maata lähtemään herätysmatkoille kaksittain, aina sinne, mistä pyyntöjä on tullut.

Tähän kokoukseen oli saapunut nelisenkymmentä saarnaajaa ja suuri joukko sanankuulijoita ja kesti kokous tavanmukaisesti neljä päivää. Kokouksen avasi saarnaaja Ahonen Viipurista. Kokouspäivinä pitivät lisäksi saarnoja saarnaajat Vilén Hikiältä, Vesterinen Turusta, Nieminen ja Rantanen Padasjoelta, Ahonen Lahdesta ja Fager Hämeenlinnasta. Viipurilaiset isäntäväkenä pitivät kaikin puolin huolta vieraistaan, joten muilta paikkakunnilta saapuneille jäi Viipurista mieluisa muisto.